MAIS OÙ SONT PASSÉS LES OBJETS MYTHIQUES DE L'HISTOIRE ?

Direction éditoriale : Stéphane Chabenat
Édition : Charlotte Sperber
Conception graphique et mise en pages : Soft Office
Conception graphique de la couverture : Thomas Hamel / 'Olo
Illustrations intérieures : Julio Arias-Arranz
Pictogramme : Vecteezy.com

16, rue Dupetit-Thouars
75003 Paris
www.editionsopportun.com

Guillaume Dessaix

MAIS OÙ SONT PASSÉS LES OBJETS MYTHIQUES DE L'HISTOIRE ?

Le téléphone rouge d'Hitler,
le bistouri de Louis XIV,
la Porsche de James Dean…

Opportunéditions

À ma mère,
qui m'a donné le goût d'écrire
et des belles choses.

À mon père,
qui a chiné, trouvé, troqué
des centaines d'objets.

« Je ne sais pas ce qu'il y a de plus précieux ici.
Si ce sont les objets ou moi !
Qui est hors de prix ?
Je crois que c'est moi ! »

Serge Gainsbourg,
évoquant sa maison
du 14 rue de Verneuil à Paris.

Sommaire

Avant-propos

Objet : Chose solide ayant unité et indépendance, répondant à une certaine destination*. Toute chose concrète, perceptible par la vue, le toucher. Chose solide considérée comme un tout, fabriquée par l'homme et destinée à un certain usage.**

Imaginé, conçu, transformé par l'homme, se distinguant ainsi des éléments naturels, un objet n'est pas limité par sa taille ou son poids, n'a pas besoin d'être tenu dans la main pour être défini comme tel. Compagnons ordinaires de la vie courante, presque invisibles, ils nous entourent, nous sont utiles pour un bref instant ou le temps long, et s'usent sous le prisme de leur seule utilité. Des designers, des architectes, des artistes peuvent y associer une esthétique, comme pour marier l'agréable à l'utile, le beau subjectif à leur raison d'être objective.

---

* Voir : Dictionnaire *Le Robert,* au lien suivant : https://dictionnaire.lerobert.com/definition/objet

** Voir : Dictionnaire *Larousse,* au lien suivant : https://www.larousse.fr/dictionnaires/francais/objet/55366

Ceux purement décoratifs, porteurs de messages ou d'une histoire sont admirés dans les musées et les collections, exposés sur les étagères et les cheminées comme des trophées. Les plus délaissés d'entre eux finissent par s'excuser et prendre la poussière.

Ils peuvent même être pour certaines personnes une charge qui oblige : à se plier à leurs règles d'utilisation, à respecter leur maintenance encombrante… Une aliénation que sont ces représentants ultimes du matérialisme quand on ne vise que le minimalisme.

Pourtant, nous possédons tous des objets auxquels nous tenons, acquis ou hérités, qui nous renvoient au passé, aux souvenirs, aux personnes qui y sont associées. Des vêtements d'enfants, un doudou, des bijoux de famille… Pour ma part, mon petit bureau d'enfant constellé d'autocollants typiques des années 1980 où une publicité Kickers jouxte celle du premier TGV, un Yo-Yo de bois vert, un pèse-lettre du début du XXe siècle que j'ai toujours vu chez mes parents, un grand vanity case bleu à boucle dorée synonyme des vacances estivales… ont bercé mon enfance.

Aujourd'hui encore, une forêt d'objets peuple joyeusement mon bureau. Des fétiches avec pour seul pouvoir magique que celui de m'offrir un jardin personnel : une pierre couleur émeraude sans aucune valeur, un petit fil rouge bien enroulé, des cailloux aux formes jugées originales lors de leur collecte sur un chemin, un bout de pellicule 35 mm, un bouddha bien kitsch en plastique rapporté de Bangkok qui s'évente joyeusement grâce à la lumière du jour, une jolie caméra Paillard Bolex B8 mm, une réplique, miniature, du *Titanic*…

Leur utilité flirte avec le néant. Mais telle n'est pas leur fonction, ils sont là pour décorer, rappeler, raconter, humaniser aussi. Qu'on se rassure, cette petite collection reste encore loin de la syllogomanie, la maladie qui consiste à accumuler sans fin nombre d'objets souvent sans valeur. Une pathologie qui me fait penser aux frères Collyer, dont la terrible histoire mérite d'être brièvement racontée.

En 1933, en pleine Grande Dépression, Homer, jeune cinquantenaire, perd progressivement la vue. Langley, son frère, décide de s'occuper à plein de temps de lui et de lui acheter en permanence livres et journaux avant qu'Homer ne puisse plus les lire. Une course contre la montre qui alimente la frénésie, jusqu'à la folie. Langley et Homer Collyer accumulent dans l'immeuble de trois étages, qu'ils possèdent à l'angle de la Ve Avenue et de la 128e rue à New York, un capharnaüm sans limite. Jusqu'à ce jour de mars 1947 où les frères sont portés disparus. La police et les pompiers ont un mal fou à pénétrer dans l'immeuble, trouvant sur leur chemin un labyrinthe composé de vingt-cinq mille livres, de dizaines de milliers de journaux, de boîtes, de pianos, de colis, de tableaux, de coffres, de bouteilles… Soit près de 140 tonnes d'affaires parmi lesquelles grouillent de nombreux rats. La montagne d'objets est si haute par endroits que les forces de l'ordre sont contraintes de se plier en deux pour ne pas se cogner la tête au plafond. Si Homer est rapidement retrouvé, mort de faim, il faudra dix-huit jours pour localiser le corps de Langley, écrasé sous le poids des lourdes piles de journaux. L'accumulation de tant d'objets a causé leur perte.

La liste des quarante présentés dans cet ouvrage aurait pu être bien longue et y seraient venues se greffer des dizaines d'autres références. Il a fallu faire des choix et c'est tant mieux. Ceux qui nous intéressent ici ont évité le piège de l'oubli, brillent par leur singularité, sont porteurs d'une mémoire technique, affective et surtout collective. Ils ont rencontré l'Histoire, la grande. Quand les acteurs de celle-ci disparaissent au fil du temps, les faits persistent froidement. Seuls les lieux et les objets qui y ont eu trait prennent le relais, témoins privilégiés qui s'offrent à nous. Tous se posent comme des liens concrets avec le passé, des ponts avec l'histoire et les personnages qui l'ont composée. Ils racontent celle de France et celle du monde, parce qu'ils ont revêtu un destin tragique (le téléphone rouge d'Hitler, la porte du Bataclan…), symbolique (la prison de la Bastille, la capote de la place de la Concorde…), ont nourri l'espoir (le *Mayflower*, la liste de Schindler…), l'innovation (le bistouri de Louis XIV, le paratonnerre de Benjamin Franklin…), la création (le pont japonais de Monet, le violon d'Ingres…), etc. De la petite balle de revolver qui a failli tuer Jean-Paul II aux immenses Twin Towers, leur taille ne compte pas et seule leur empreinte vaut.

Si certains ont aujourd'hui disparu ou sont devenus inaccessibles, la plupart de ceux racontés ici en ont réchappé pour se présenter encore à nous aujourd'hui, offrant un trait d'union avec le passé, abreuvant plus souvent qu'on ne le pense les musées et les collections personnelles et même nos paysages. Acteurs de premier plan ou témoins, catalyseurs de luttes, d'indépendance, de liberté et de modernité, ils ont généré l'art, la mort, la preuve scientifique, la nécessité d'unir un peuple ou d'honorer la mémoire, recueilli la folie, le sang, les larmes, la honte, tout autant que le mystère, l'espoir, la victoire et la psyché.

Parcourez ce musée des objets célèbres, puis partez les découvrir dans la réalité d'aujourd'hui. Soyez prêts à toucher du doigt notre passé.*

---

* « Merci de ne pas toucher »

Le téléphone rouge d'Hitler

Bunker d'Adolf Hitler - Berlin
5 mai 1945

Comment l'arme de destruction la plus massive de l'histoire a-t-elle passé plus de soixante-dix ans dans la demeure d'un sir anglais ?

L'odeur de chair brûlée empeste encore le jardin de la chancellerie du Reich et l'entrée du bunker. Dès le 5 mai 1945, au lendemain de la capitulation allemande, le brigadier Ralph Rayner, chef adjoint des transmissions du général anglais Montgomery, a pour mission d'établir le contact avec les autorités russes présentes à Berlin. À son arrivée, des officiers de Staline lui proposent d'inspecter le bunker, construit à 8 mètres sous terre. Hitler s'y était réfugié depuis plusieurs mois et y a passé ses derniers jours, assistant à la fin de son régime, jusqu'à son suicide. Rayner est le premier Occidental à y pénétrer.

Il y découvre les restes d'un pouvoir défait, concentrés dans quelques pièces, pour certaines garnies de meubles plus ou moins luxueux, et où s'amoncellent des centaines de documents brûlés, des fournitures et vêtements, du verre brisé et des jerricanes d'essence vides.

Arrivé dans les quartiers privés du couple, Rayner se voit offrir par les officiers russes le téléphone noir d'Eva Braun, placé sur sa table de chevet. Le Britannique refuse poliment, prétextant que sa couleur préférée est le rouge. Son correspondant lui fait alors deux cadeaux : une porcelaine alsacienne toute blanche représentant un chien, qui trônait sur le bureau du Führer, cadeau offert par son ministre de l'Intérieur et Reichführer des SS, Heinrich Himmler, et réalisé par la manufacture allemande Allach. Et le fameux téléphone rouge.

Sorti des usines Siemens, le modèle W38 en bakélite noire a été peint en rouge durant sa fabrication, afin de satisfaire son prestigieux acquéreur. Au dos, sous la marque du fabricant, est frappé le *Parteiadler*, l'aigle aux ailes déployées, surmontant une couronne circulaire tenant en son centre la croix gammée. Juste en dessous, le nom « Adolf Hitler » apparaît en toutes lettres. Le cadran rotatif est composé d'un cadran numéroté de couleur noire et le câble tressé mesure environ 1 mètre. Pour décrocher le combiné, Hitler doit le faire pivoter de 60 degrés, afin d'assurer un maintien dans n'importe quelle circonstance. Car c'est avec ce téléphone que le dictateur a donné tous ses ordres, y compris les plus destructeurs, où qu'il soit.

L'objet le suivait dans tous ses déplacements, de ses bureaux à ses quartiers généraux sur le terrain, en passant par les différents véhicules, comme son train personnel, ou bien encore dans son principal quartier général baptisé « la Tanière du loup » et enfin dans le bunker dans lequel il se suicide le 30 avril 1945. D'abord téléphone quelconque, l'objet a revêtu, en même temps que sa couleur et son inscription personnalisée, une charge historique considérable. Le W38 a transmis la voix de son maître, hurlant des milliers d'ordres, décisions politiques, manœuvres militaires, arrestations arbitraires, exécutions... jusqu'à celle, semble-t-il, de son beau-frère Hermann Fegelein dans les derniers jours du régime.

Une fois la guerre terminée, le Britannique Rayner rentre au Royaume-Uni. S'étant déjà distingué durant la Première Guerre mondiale, il se voit décerner au fil des années différents titres, comme celui de colonel, de chevalier par la reine Élisabeth II et de Deputy lieutenant du comté de Devon, où il possède une immense propriété de 1 000 hectares. Là même où, sur un petit guéridon anodin, il a installé le téléphone rouge d'Hitler devenu sien. Non comme une relique à la gloire du Führer, mais comme « un trophée de guerre, un vestige meurtri de sa défaite* ».

Quand son fils Ranulf en hérite en 1977, il range le sinistre objet, qu'il craint sans cesse de se faire voler, dans un étui de cuir constellé d'autocollants de diverses compagnies maritimes. Avant de le vendre aux enchères en février 2017 pour 230 000 euros. L'objet fut acquis par un acheteur anonyme. En espérant que l'heure de la retraite du téléphone rouge, prié de rester silencieux, ait réellement sonné.

---

* Confidences de Ranulf Rayner, son fils, à CNN en 2017.

La balle qui devait tuer Jean-Paul II

Place Saint-Pierre de Rome - Italie
13 mai 1981

Comment la balle de 9 millimètres tirée sur le pape à Rome est-elle devenue une relique entourée d'or et de pierres précieuses au Portugal ?

Les sourires des fidèles les plus proches s'effacent instantanément à la vue du pape s'affaissant dans sa Fiat Nuova Campagnola blanche. Les cris et les premiers pleurs gangrènent rapidement la liesse des vingt mille personnes massées sur la place Saint-Pierre de Rome.

Ce mercredi 13 mai 1981, à 17 h 17, parmi la foule, un homme vient de tendre le bras en direction de Jean-Paul II et de tirer à deux reprises avec un semi-automatique Browning de calibre 9 mm. Sa cible est à moins de 3 mètres, il n'a pu la rater, il en est sûr. La confusion est totale quand la voiture papale jonchée de gardes du corps et de policiers accélère pour quitter la place au plus vite. Elle se réfugie derrière les colonnades où le pape est placé dans une ambulance de la Croix-Rouge. Mais, comme celle-ci n'est pas équipée de système de réanimation, sa garde rapprochée le transporte dans une seconde ambulance toute neuve et pourtant muette, la sirène étant hors service. Malgré les embouteillages, elle rejoint l'hôpital Gemelli en six minutes. Il faut faire vite. Rares sont les spectateurs qui ont eu le temps de voir la main ensanglantée et la robe tachée du souverain pontife.

Dans le même temps, sœur Letizia agrippe le bras de Mehmet Ali Agca et crie avec force « c'est vous ! » à deux reprises. Le tout avec une telle rage qu'un policier responsable de la sécurité du Vatican a le temps de se jeter sur le tireur et de le plaquer au sol. Il lui est désormais impossible de fuir et de rejoindre son complice comme il l'avait prévu. Ce dernier n'a d'ailleurs pas fait exploser sa grenade qui leur aurait permis de profiter de la panique générale pour s'échapper.

Certains affirment qu'une autre religieuse a levé la main au moment du coup de feu et a dévié la balle. Elle n'a jamais été identifiée. Le premier projectile touche l'index gauche du pape, finit sa course dans l'abdomen et lui perfore l'intestin grêle et le côlon sigmoïde. La seconde effleure son coude droit pour aller ensuite blesser deux fidèles, une Jamaïcaine et une Américaine.

L'hôpital est assailli par les journalistes et la classe politique se presse à l'intérieur en signe de soutien. Le pape perd les trois quarts de son sang, mais contre toute attente, aucun organe vital n'est touché. Un vrai miracle selon les médecins. Il recouvre bientôt ses esprits et le dimanche 17 mai, il célèbre la messe pour les fidèles présents sur la place Saint-Pierre, depuis son lit d'hôpital à l'aide d'un micro. Sa convalescence sera longue, aggravée par un cytomégalovirus, contracté à la suite d'une perfusion de sang, qui l'affaiblit et l'oblige à rester hospitalisé jusqu'au 14 août. Mais le pape a survécu.

Acte isolé, « filière bulgare », main du Kremlin via le KGB… nombre d'hypothèses sont étudiées. En attendant, le pape pardonne à son agresseur, Mehmet Ali Agca, qui s'est présenté comme le « plus grand terroriste turc » et qui s'interroge toujours sur la survie de sa victime. Ce dernier lui explique alors qu'« une main a tiré, une autre a guidé ». Le pape y voit la « main invisible de la Vierge » venue dévier la trajectoire de la balle et lui éviter une mort certaine. Elle est d'ailleurs apparue à trois petits bergers de Fatima, au Portugal, soixante-quatre ans, jour pour jour, avant l'attentat. Un signe pour Jean-Paul II.

Un an plus tard, le 12 mai 1982, le pape se rend à Fatima pour remercier la statue de la Vierge Marie de lui avoir sauvé la vie. Là encore, un homme se jette sur lui, couteau à la main en criant : « Je t'accuse de détruire l'Église ! ». Il sera arrêté à temps par la sécurité, et précédera une quinzaine d'autres tentatives. Jean-Paul II se dévoue alors tout entier à Fatima. Et fait venir à Rome, en mars 1984, la statue de la Vierge pour prier toute une nuit à ses pieds.

Il confie ensuite à l'évêque de Leiria-Fatima une petite boîte ornée de ses armes dans laquelle se trouve la balle de 9 millimètres qui a failli lui ôter la vie. Sa demande est simple : que la balle soit intégrée à la couronne de la statue de la Vierge. C'est le recteur du sanctuaire de Fatima, monseigneur Luciano Guerra, qui se charge alors de trouver une place à cet objet métallique si laid sur cette couronne de deux mille six cent soixante-dix-neuf pierres précieuses et trois cent treize perles. Et un seul endroit est possible, un petit espace circulaire vide placé à la jonction des huit bras dorés. Le recteur essaie alors d'y loger la balle, qui rentre au millimètre près. Comme si elle était tout simplement la pièce manquante pour achever cette pièce de joaillerie. Un bout de métal devenu aussi précieux que la couronne elle-même.

Quant à la papamobile Fiat 1107 dite « Nuova Campagnola », immatriculée SCV1, sans blindage ni vitre de protection, elle est encore visible, exposée au Pavillon des carrosses du Vatican. Remisée pour bons et loyaux services.

Le tailleur rose de Jackie Kennedy

Dallas - Texas - États-Unis
22 novembre 1963

Comment le vrai-faux tailleur Chanel le plus célèbre et tragique de l'histoire américaine s'est-il soustrait au regard du monde ?

L'assassinat de John F. Kennedy est encore tout frais. Le sang qui macule le tailleur rose de madame l'est presque tout autant. La gouvernante Providencia Paredes plie soigneusement la tenue dans une grande boîte et la remet à Janet Lee Bouvier, la mère de Jackie Kennedy. Celle-ci la range juste à côté de celle contenant la robe de mariée couleur ivoire de sa fille… au grenier, le cimetière des souvenirs. Dessus, elle y écrit simplement : « 22 novembre 1963 ».

Le matin de l'assassinat de son époux, la *First Lady* hésite entre deux tenues. D'un côté, un manteau léopard aux manches trois-quarts, agrémentées de longs gants noirs. De l'autre, le tailleur en laine bouclée rose composé d'une veste croisée à double boutons et quatre poches plaquées, d'un col cranté bleu marine, accompagné d'un chapeau pilulier assorti et de gants blancs. Jackie Kennedy doit être vue de loin. La journée s'annonce magnifique et cet ensemble est le préféré du président. Elle opte donc pour le tailleur Chanel, qu'elle a déjà porté à plusieurs reprises depuis qu'elle l'a acquis en 1961. Non auprès du couturier français, mais de Nona Park et Sophie Shonnard, les propriétaires de *Chez Ninon.*

Toutes deux ont ouvert cette boutique de luxe entre Park Avenue et la 55e rue, à New York. Depuis les années 1920, elles reçoivent tout ce que l'Amérique de la côte est compte de dames raffinées et élégantes. Si elles proposent leurs propres collections, les deux femmes arpentent chaque saison les défilés parisiens pour reproduire à l'identique les plus belles pièces des collections. Avec l'aval des grandes maisons.

Ainsi, Chanel a fourni toutes les matières premières et le tailleur star porté par Jackie Kennedy (numéro 44 de la collection automne-hiver 1961, à l'origine violet) a été assemblé à New York. Deux avantages pour la Maison-Blanche et l'équipe de campagne dédiée à la réélection de John Kennedy : un prix modeste, environ 1 000 dollars, et une confection locale pour une First Lady devant privilégier le savoir-faire américain.

Mais le chic et l'élégance ne sont pas les seuls ingrédients faisant entrer le tailleur dans l'histoire. L'assassinat et la détermination de Jackie Kennedy font le reste. À 12 h 30, ce 22 novembre 1963, la cervelle rouge sang de John Kennedy tapisse la banquette de la Lincoln bleu nuit et le tailleur rose. Cela en est fini du président américain au teint toujours bronzé, Jackie va prendre toute la lumière. Après ces heures interminables à l'hôpital de Parkland, elle sait qu'il est temps de rentrer à la Maison-Blanche. Pas une minute à perdre, pas de vacance du pouvoir, le vice-président Lyndon B. Johnson prête serment dans l'avion les ramenant à Washington. Jackie se tient à ses côtés. Toujours vêtue de ce tailleur souillé qu'elle refuse de quitter, déclinant le nouvel ensemble qui lui est proposé. « Laissez-les voir ce qu'ils ont fait », explique-t-elle comme une défiance sans véritable cible.

Sur le tarmac de l'aéroport de Washington, Jackie descend de l'avion sous les objectifs, parée de ce rose tavelé, seul point de couleur dans la nuit noire et dans ce cortège de voitures sombres se traînant solennellement vers la Maison-Blanche qui lui aura pris son mari. Si le crime a duré une fraction de seconde, le retour du président défunt semble se faire au ralenti, comme pour laisser à l'Amérique le temps d'accepter la nouvelle. Jackie ne quittera le tailleur Chanel qu'une fois revenue dans ses appartements, vers 5 heures du matin. Le samedi 23 novembre se réveille doucement, éploré, endolori. Et Providencia Paredes range la pièce à conviction dans une boîte en carton, et ce, pour quarante ans.

En 2003, Caroline, la fille de John et Jackie, confie le tailleur à la *National archives and records administration*, située à Washington. La tenue est entreposée à quelques mètres de la Constitution des États-Unis, de la Déclaration d'indépendance, du XIIIe amendement sur l'abolition de l'esclavage… Dans le saint des saints national. Abrité dans une pièce sans fenêtre, où la température est contrôlée et l'air renouvelé six fois par heure.

Un morceau d'histoire devenu célèbre par l'image, starifié plus encore, parce que resté, depuis, invisible. Caroline Kennedy, ne souhaitant pas « déshonorer la mémoire » de ses parents et « causer du chagrin et de la souffrance aux descendants de la famille », a expressément demandé que le tailleur ne soit pas rendu visible avant l'année 2103. Permettant même une clause de reconduction pour mettre l'objet à distance de tout regard, encore et encore. Soit au bas mot cent quarante années pour digérer le drame. Mais après tout, les États-Unis ont peut-être suffisamment vu, pendant ces quelques heures de novembre 1963, « ce qu'ils ont fait ».

La Marseillaise

Versailles - Yvelines - 13 décembre 1981

Comment le manuscrit de l'hymne national s'est retrouvé entre les mains de Serge Gainsbourg, prêt à se ruiner, pour se venger de militaires ?

Alors qu'il quitte la salle des ventes sous les huées et les sifflets, Serge Gainsbourg vient de se faire le plus beau des cadeaux de Noël. Le duel a été rude et a, par nature, trouvé son vainqueur. L'émissaire de la ville de Lons-le-Saunier s'incline face au chanteur en Repetto blanches, jean, imper et lunettes noires, assis au premier rang. Et rentrera bredouille, sans pouvoir célébrer l'enfant du pays, Rouget de Lisle, l'auteur de *la Marseillaise*. À Versailles, ce 13 décembre 1981, Gainsbourg vient d'acquérir un morceau de l'histoire de France : le manuscrit de l'hymne français.

En guerre contre l'Autriche, la France de 1792 doit donner du courage et de l'élan à ses soldats volontaires prêts à mourir pour défendre leur pays. Une chanson patriotique les galvaniserait sans aucun doute. Une commande est passée à l'officier et écrivain Claude Joseph Rouget de Lisle et son *Chant de guerre pour l'armée du Rhin*, rédigé en une nuit, devient chant national le 14 juillet 1795.

S'il se voit déchoir de sa nationalité sous la Restauration, le Second Empire, puis sous le régime de Vichy, le chant tient sa revanche lorsqu'il est confirmé comme hymne national aux aurores de la IVe République, dans la Constitution du 27 octobre 1946. Puis à nouveau en 1958 pour la Ve.

Gainsbourg aussi tient sa revanche avec cet achat: sur les parachutistes qui l'avaient empêché de tenir son concert à Strasbourg l'année précédente, ulcérés par sa version reggae de *la Marseillaise*, rebaptisée *Aux armes et cætera*. Des militaires devant qui il s'était mis à entonner l'hymne national, contraignant ces messieurs à se lever comme un seul homme, avant de leur adresser un bras d'honneur.

Mise de départ à 40 000 francs. Les enchères montent par tranches de 5 000 à une vitesse folle. Adjugé, vendu ! Dans la foulée, Serge Gainsbourg signe sur ses genoux un chèque de 135 000 francs (l'équivalent de 48 000 euros aujourd'hui). « J'étais prêt à me ruiner », déclare-t-il aux journalistes massés devant lui. Il installe dans le salon du rez-de-chaussée de sa maison parisienne, rue de Verneuil, le manuscrit original. Ou plutôt sa copie, écrite et signée de la main de Rouget de Lisle lui-même le 7 août 1833 à Choisy-le-Roi, près de quarante ans après la véritable première version rédigée à Strasbourg et perdue dans les affres d'une révolution loin d'avoir trouvé son dénouement.

Sous cadre et sur trois pages se déroulent les refrains et les six strophes du *Chant de guerre pour l'armée du Rhin.* Le document est accompagné d'un portrait de Rouget de Lisle réalisé par son ami Jacques-Philippe Voïart, chez qui il loge à la fin de sa vie, et de la lettre envoyée par l'auteur au compositeur italien Luigi Cherubini, à qui il a offert le manuscrit de *la Marseillaise.*

Aujourd'hui, la maison de Gainsbourg est devenue un instantané de mars 1991 qui se visite à pas comptés, comme un livre de photos grandeur nature que l'on feuillette lentement et en silence, où rien ne semble avoir bougé depuis le décès de l'artiste. Dans le musée situé à deux pas, trône, parmi des centaines d'objets en tout genre, le manuscrit de la *Marseillaise.* Désormais, les seuls sifflets que l'on peut y entendre sont ceux d'admiration.

Police Judiciaire
Scellé N°26
Le Commissaire

L'œilleton du docteur Petiot

21, rue Le Sueur - XVIe arrondissement de Paris - Mars 1946

Comment le judas par lequel le tueur en série contemplait le supplice de ses victimes est-il le seul témoin encore existant de l'une des plus grandes affaires criminelles ?

Sous les yeux de voisins curieux d'apercevoir le monstre dont tout le monde parle et de Parisiens et banlieusards qui ne le sont pas moins, le cortège s'apprête à pénétrer dans l'hôtel particulier du 21, rue Le Sueur, dans le XVIe arrondissement de la capitale. Si la façade classique est sombre et austère, les mines du président de la cour Marcel Leser, de l'avocat général Dupin, des policiers en nombre, de maître René Floriot et de son client, le docteur Marcel Petiot, le sont tout autant. Ce samedi 23 mars 1946, cinq jours après le début du procès et deux ans après la découverte d'un charnier dans les sous-sols de l'immeuble, les journalistes ne ratent pas une miette, pas un geste, pas un détail de celui accusé d'y avoir assassiné vingt-sept personnes. Celui qui revendique soixante-trois meurtres pourrait être le plus terrible tueur en série depuis Landru à la fin de la Première Guerre mondiale. Certains des photographes ont grimpé sur les toits, au-dessus de la cour intérieure, munis d'appareils photo et de zooms. Il est 14h25.

Si la cour sait à quoi s'attendre, après avoir lu les rapports des policiers qui égrenaient les morceaux de corps, les ossements et les effets personnels retrouvés sur place, elle n'en reste pas moins glacée par le lieu lui-même. Le 21, rue Le Sueur abrite le cabinet médical et les méfaits du docteur Petiot.

En premier lieu, le bâtiment principal de l'immeuble est composé de plusieurs grandes pièces laissées à l'abandon. Nul besoin d'être un enquêteur hors pair pour le comprendre, une épaisse couche de poussière recouvre les meubles : Petiot ne réside pas ici.

Difficile à croire qu'il y a peu de temps encore, l'hôtel jouissait du glamour de la sociétaire de la Comédie-Française, Cécile Sorel. Très populaire pour son rôle de Célimène dans *Le Misanthrope* et sa fameuse phrase déclamée d'une voix aiguë malicieuse et articulée, après avoir descendu le grand escalier du Casino de Paris : « L'ai-je bien descendu ? » Hôtel particulier qu'elle a vendu à Marcel Petiot en 1941.

C'est en arrière-cour, après avoir longé un couloir, que la justice, la police, la presse et leur suspect accèdent aux anciens logements des domestiques, réaménagés par le docteur. D'abord, le garage avec un tas de chaux vive haut d'un mètre duquel regorgeaient, au moment de la descente de police de 1944, des restes humains : des os, un bras, une mâchoire, un cuir chevelu, le côté gauche d'un corps sans tête… Dans le box contigu, une fosse où là encore la chaux faisait son office sur divers morceaux humains. Et puis une poulie, un crochet, une corde, une chaudière dans la chaufferie située au sous-sol… Un attirail loin des instruments habituels du bon médecin de famille.

Une vraie petite entreprise, qui commence par le cabinet. Première étape où Petiot recevait ses patients et les mettait en confiance avant de leur injecter un poison, sous le prétexte d'un vaccin. Ceux qui y ont trouvé la mort étaient des bandits, des proxénètes et surtout des Juifs désireux de quitter la France et à qui il promettait l'exil loin des nazis. L'Occupation a du bon. Petiot affirme qu'il s'agissait en réalité d'Allemands, de collabos, de traîtres, de nuisibles. Et s'invente un personnage à la tête d'un réseau de résistants. Héroïsme imaginaire, pur sadisme, appât du gain, enrichissement… Les mobiles ne manquent pas.

Le cabinet est servi par un étroit couloir qui mène à une pièce. Elle retient toute l'attention de l'assemblée. Elle est le cœur du réacteur du système Petiot. Une petite pièce triangulaire aux murs épais, vide et sans fenêtre, de 2 mètres 50 de largeur dans sa dimension la plus grande. Tellement étroite et étouffante que seules trois personnes peuvent y tenir debout. Huit anneaux métalliques sont scellés sur l'un des murs. Au fond, une porte matelassée et une sonnette. Probablement de quoi rassurer ceux qui s'y retrouvaient. Une échappatoire était possible. Seulement ladite porte est factice, ne mène nulle part et la sonnette est désespérément silencieuse.

Sur le mur adjacent au couloir, une autre découverte : un œilleton. Un viseur, comme il est écrit dans les comptes-rendus. Doré, long de 12,8 centimètres pour traverser le mur, il ressemble à une sorte d'entonnoir coudé muni d'une lentille de 6 centimètres. Un œil énorme, placé en hauteur, faisant face aux anneaux auxquels les victimes étaient probablement ligotées. Quoi de mieux pour assister, à l'abri depuis le couloir, au spectacle de l'agonie de ses victimes, empoisonnées ou gazées ? Un délice d'assassin.

Bien sûr, Marcel Petiot n'avoue rien de tout cela et a réponse à tout. La pièce triangulaire ? Elle était destinée à l'installation d'appareils de radiothérapie. La fausse porte ? Simplement là pour préserver la pièce de l'humidité. La fausse sonnette ? Une installation inachevée. Les épais murs ? Il fallait bien ; le plomb pour les recouvrir et l'isoler des rayons est introuvable en pleine Occupation. Et l'œilleton alors ? Simplement pour surveiller le bon déroulement des séances de radiothérapies pardi. D'ailleurs, comme il n'a pas encore reçu le matériel, le judas est recouvert de papier peint. Preuve qu'il n'y avait donc rien à voir… Un argument utilisé par son avocat pour sa défense.

Dans cette maison de l'horreur, les policiers ont aussi retrouvé les biens personnels des pauvres patients du « docteur Satan », comme la presse le surnomme désormais : vingt et un manteaux, vingt-six sacs à main, vingt-huit costumes masculins, trente-trois cravates, quarante-trois paires de chaussures, soixante-douze valises, quatre-vingt-dix robes, cent vingt jupes… et un pyjama d'enfant.

Sans grande surprise, Marcel Petiot est condamné à mort. Une cigarette acceptée, un verre de rhum refusé, un « tu m'emmerdes » comme dernière déclaration officielle au procureur Dupin. Le 25 mai 1946, Petiot est détendu, esquisse même un petit sourire avant que la lame de la guillotine n'y mette fin, à 5 h 07 dans la cour de la prison de la Santé. Quel meilleur endroit pour un docteur ! Aussi fou fût-il.

Transporté dans son panier en osier, la tête entre les jambes, Petiot est inhumé dans la division 27, le carré des suppliciés du cimetière parisien d'Ivry. Aucune plaque, aucun nom, anonymat requis. Sa dépouille a disparu après la reprise du terrain par l'administration française et la relève des corps dans les années 1990, destinés à des ossuaires ou aux familles.

Quant à l'hôtel très particulier du 21, rue Le Sueur, après plusieurs rachats par des gens avides de libérer d'entre les murs la fortune des victimes dépouillées par le docteur, évaluée à environ 30 millions d'euros, il fut détruit dans les années 1950. Remplacé par un immeuble moderne, à la façade modeste et banale, en léger retrait de l'alignement de la rue, comme pour s'excuser, comme pour disparaître.

Le seul objet qui a survécu à cette horreur reste le témoin principal de l'affaire : le fameux œilleton. Délogé du mur de la pièce triangulaire et utilisé comme pièce à conviction, le viseur qui en a tant vu est depuis conservé dans les archives du musée de la Préfecture de police de Paris, dans le Ve arrondissement.

Dans une boîte, dormant entre du papier blanc et du papier bulle, il voit sa peinture dorée largement entamée, notamment du côté de la grande lentille, laissant apparaître un métal gris craquelé, rongé par le temps et les remords. La lentille en verre est ébréchée et s'est détachée de son support. Le cylindre sur la partie inférieure menant à la petite lentille, là où le médecin posait ses yeux noirs, est à moitié amputé. On jurerait que l'œilleton a, lui aussi, subi les offenses du docteur Petiot.

La perruque d'Andy Warhol

New York - États-Unis - 30 octobre 1985

Comment l'artiste américain a-t-il fait de ce qu'il considérait être un handicap, une force, puis une marque de fabrique à part entière ?

« Espèce de garce ! » Ce 30 octobre 1985, cela fait une heure qu'Andy Warhol dédicace des exemplaires de son livre *America* au deuxième étage de la librairie Rizzoli, dans le quartier de Soho à New York. Une signature, un mot, un merci, personne suivante. Une belle femme élégante s'approche à son tour, tend son livre, puis d'un geste sec et violent arrache la perruque de l'artiste, avant de la lancer par la balustrade à un complice resté au rez-de-chaussée. Ce dernier s'enfuit en courant sous les cris interloqués des clients et des fans du maître du pop art. Derrière la petite table, le crâne dégarni de Warhol attire les regards et les flashs. L'agresseuse a peut-être suivi le précepte du peintre, assurant que chacun désormais aurait accès à ses quinze minutes de gloire… Pour l'heure, il n'a qu'une envie, balancer cette dernière par-dessus la rambarde. Un « espèce de garce » lui échappe. Mais il ne bouge pas.

Le libraire propose d'interrompre la séance, mais Warhol refuse, enfile son pardessus Calvin Klein muni d'une capuche, se rassoit et reprend ses dédicaces pendant une heure et demie. Comme si de rien n'était.

L'événement l'a néanmoins traumatisé. Warhol dit s'en ficher, mais l'attaque a touché un point sensible chez lui : la maladie infectieuse de son enfance, la danse de Saint-Guy, qui a notamment entraîné sa calvitie. Mis à nu contre son gré, ramené à l'homme qu'il était à peine à vingt ans quand, alors créateur de costumes pour une troupe de théâtre, il décide de porter sa première perruque face à une alopécie galopante. La première d'une longue série. Durant sa vingtaine, ses postiches servent à ne pas le distinguer des autres, à ne pas le vieillir aussi. Sages et classiques, ils n'ont qu'un but, être discrets, presque invisibles. Un non-sujet.

Warhol se fournit chez Paul Bochicchio. Le perruquier, installé à Manhattan, importe de véritables cheveux d'Italie qu'il coupe et prépare minutieusement. Warhol tient à faire croire au public qu'il s'agit de ses propres cheveux. Il possède ainsi trois exemplaires de chacune de ses perruques : une version courte, une seconde un peu plus longue, et une troisième qui lui permet de remettre la première, comme s'il était allé chez le coiffeur. Avec une inquiétude constante, que l'une d'elles ne vienne à glisser et laisse à la vue de tous ce crâne si glabre.

Warhol en possède désormais des dizaines, qu'il teint ensuite à sa convenance, passant du blond terne, puis platine, au gris argenté. Car au fil de sa notoriété croissante, l'artiste se constitue un personnage, une silhouette qu'il dessine et exploite, se façonnant un look immédiatement identifiable, faisant de son corps, de son visage, de son image, une œuvre à part entière. Aussi célèbre que ses créations.

Dans les années 1980, la perruque devient alors hirsute et son autoportrait *Fright Wig* sur fond noir finalise l'image d'un Warhol célèbre et excentrique. Ce n'est d'ailleurs plus qu'un secret de polichinelle, à tel point qu'il encadre et offre l'un de ses toupets, qu'il numérote 83, à son ami Jean-Michel Basquiat. Et qu'un magasin de Los Angeles s'est tout simplement baptisé « Perruques Andy Warhol ». Une consécration totale en somme.

Andy Warhol aurait possédé et choyé plus d'une centaine de perruques au cours de sa vie. L'une d'elles, cheveux gris et longs, a été mise aux enchères en juin 2006 par Christie's. Ce lot 289 a été adjugé à 10 800 dollars à un collectionneur privé. Le musée Andy Warhol de Pittsburgh, aux États-Unis, en possède à lui seul cent vingt-cinq datant des années 1970 et 1980 et en expose parfois quelques exemplaires. Et il est bien légitime que les perruques de Warhol aient droit, elles aussi, à leur quart d'heure de gloire.

Le *Mayflower*

Mayflower Barn-Jordans - Buckinghamshire
Angleterre - 1620

Comment le bateau qui embarqua les Pères pèlerins prêts à fonder les États-Unis a-t-il échoué en pleine campagne anglaise ?

Gonflées par le vent de la Manche, les six immenses voiles blanches éloignent progressivement le *Mayflower* du port anglais de Plymouth. Ce 16 septembre 1620, le capitaine Christopher Jones et ses trente membres d'équipage manœuvrent le navire marchand de 27 mètres de longueur pour le compte de la centaine de protestants, hommes, femmes et enfants, considérés comme des hors-la-loi par le roi d'Écosse, d'Irlande et d'Angleterre, Jacques VI, et par l'Église anglicane. S'ils ne renient pas leur pays, ces puritains entendent bien fonder une colonie à l'autre bout du monde, où pratiquer sans entrave leur religion. Direction l'Amérique et la liberté !

Commence une traversée de l'Atlantique éprouvante de près de deux mois. Si le départ était prévu sous les auspices du soleil estival, plusieurs retards entraînent le voilier à affronter l'océan durant l'automne et l'hiver approchant. Il subit les caprices d'une mer parfois déchaînée qui l'abîme à plusieurs reprises, fissurant l'un de ses mâts. Après huit semaines et plusieurs morts, le vaisseau atteint les côtes américaines. Un peu plus loin que le capitaine ne l'espérait, dans la baie du cap Cod.

Avant même de fouler cette nouvelle terre et de rencontrer les tribus indiennes, près de la moitié des pèlerins décident d'acter leur arrivée par le Pacte du Mayflower, un texte dans lequel ils assurent la promulgation de futures lois qualifiées de « justes et égales » par un « corps politique civil ». Comme un avant-goût de ce que deviendra la Déclaration d'indépendance plus de cent cinquante ans plus tard. Les pèlerins ne savent pas encore à quel point le bateau et leur venue symboliseront à eux deux l'un des actes fondateurs de l'Amérique. Ni que le banquet de trois jours, agrémenté de prières, qu'ils feront l'automne suivant avec les Indiens pour célébrer leur première récolte, et qu'ils baptisent « Thanksgiving », deviendrait une fête nationale.

Pour l'heure, la mission du capitaine de vaisseau est terminée. Mais la rudesse de ce premier hiver, conjuguée à la multiplication des maladies comme le scorbut et la tuberculose déciment les nouveaux venus de l'Ancien Monde et les marins, les obligeant à rester confinés dans le bateau. Ce n'est qu'en avril 1621 que le capitaine Jones et ce qu'il reste de son équipage reprennent la mer pour rentrer en Angleterre et laissent derrière eux la nouvelle ville de Plymouth prospérer. Porté par les vents d'ouest, le *Mayflower* ne met qu'un mois pour rejoindre le quartier londonien de Rotherhithe bordant la Tamise. Là même où, à la suite de la mort du capitaine un an après son retour, sa veuve fait expertiser le navire de bois par des marins et des charpentiers pour le revendre plus de 128 livres sterling et régler la succession. Après ses bons et loyaux services, le *Mayflower* est démonté pièce par pièce et revendu.

Dans le même temps, Thomas Russell décide d'agrandir la propriété du village de Jordans, acquise en 1618, à plus de 65 kilomètres de Londres. Il achète de longues pièces de bois et les utilise comme poutres afin de construire une grange.

C'est ce qu'affirme l'historien et généalogiste Charles Edward Banks au début du XXe siècle dans un ouvrage* relatif au navire. Une version appuyée par J. Rendell Harris dans son livre *The Finding of Mayflower*, paru en 1920. Ce quaker dit avoir recueilli un témoignage lui assurant la véracité de l'histoire de la poutre du *Mayflower* soutenant cette nouvelle grange. Après expertise, une éclisse maintient bien la large fissure présente dans la poutre, abîmée lors de la première traversée, le bois semble bien dater du XVIIe siècle, et certaines inscriptions renverraient au port d'immatriculation du bateau. Le succès est tel qu'Harris multiplie les conférences sur le sujet et attire toujours plus de curieux au cœur de la campagne anglaise, touristes anglais, mais aussi pour beaucoup américains. Durant les décennies suivantes, la grange devient un lieu de pèlerinage, offrant une trace tangible du fondement

* "The English Ancestry and Homes of the Pilgrim Fathers, Who came to Plymouth on the Mayflower in 1620, the Fortune un 1621, and the Anne and Little James in 1623"

des États-Unis, à des milliers de kilomètres de la nouvelle vie établie à New Plymouth.

Seulement, de nombreux historiens mettent en doute la théorie et les intentions de Harris. Membre actif du Mayflower club et propriétaire d'une auberge quaker, le bibliste a tout intérêt à faire vivre cette histoire, que d'aucuns qualifient de légende. Peu importe, le quaker mise justement sur la légende construite et la volonté du public de croire qu'il touche des yeux la Grande Histoire.

Durant la Première Guerre mondiale, un fragment de la poutre est scié et offert à Samuel Hills, avocat et homme d'affaires américain, quaker lui aussi. Il l'enferme dans un coffre en métal qu'il place alors dans l'Arche de la paix, qu'il fait bâtir à la frontière entre les États-Unis et le Canada pour symboliser la bonne entente entre les deux pays voisins. Et comme un pont entre l'Ancien et le Nouveau Monde, entre la campagne anglaise et cette frontière nord-américaine.

Au début des années 1980, la grange est classée au titre des monuments historiques anglais, non pas tant pour cette poutre dont l'origine continue à questionner, mais pour le bâtiment lui-même, datant du XVIIe siècle. En 2006, l'arrêt de l'afflux de touristes est net quand la propriété est vendue et privatisée.

Le meilleur moyen d'appréhender ce qu'était le célèbre navire est encore de visiter le *Mayflower II*. Construite au mitan des années 1950 en Angleterre, cette réplique a elle aussi traversé l'Atlantique, désormais amarrée à Plymouth, dans le Massachusetts, en lieu et place de son illustre ancêtre. Un musée officiel cette fois, histoire de ne pas se faire mener en bateau.

Le divan de Freud

20, Maresfield Gardens - Hampstead
Londres - 1938

Comment Sigmund Freud a-t-il fait du divan un outil de travail, devenu depuis l'emblème de la psychanalyse ?

Son opération des testicules s'est bien déroulée. Freud en est persuadé, cette ligature des canaux spermatiques, préconisée par un endocrinologue en vogue, devrait raviver sa puissance sexuelle devenue quelque peu défaillante ; mais surtout mobiliser à nouveau les ressources, forces et défenses amoindries de son corps. Et peut-être prévenir une résurgence de son cancer. Le psychanalyste enchaîne les problèmes de santé.

Une tumeur sur sa mâchoire et le côté droit de son palais lui a été retirée. Les suites de l'opération ont d'ailleurs été très pénibles et son épouse et sa fille ont cru le perdre. En octobre 1923, une nouvelle excroissance l'oblige à deux nouvelles opérations, qui le privent plusieurs semaines durant de nourriture et même de parole. Ce qui ne l'empêche pas de s'adonner à son plaisir favori : fumer le cigare. Une addiction, un substitut même selon lui à ce besoin primitif qu'est la masturbation. De quoi nourrir une résurgence continue de tumeurs bénignes ou précancéreuses et conséquemment une trentaine d'interventions chirurgicales supplémentaires.

Un rythme soutenu qui altère progressivement sa voix et son ouïe. À tel point que Freud devient presque sourd de l'oreille droite, prisonnière selon lui d'une « rumeur continue ». Le voilà contraint de réaménager son bureau. Il déplace alors contre le mur opposé de son cabinet de consultation londonien, son divan, pile sous la lithographie *Une leçon clinique à la Salpêtrière* où l'on voit le professeur Charcot, dont il fut un adepte et un admirateur, expliquer les étapes de « l'hystérie féminine ». Et il installe son fauteuil de velours vert à la tête du divan, de manière à ce qu'il puisse écouter de l'oreille gauche les complaintes de ses patients.

Une installation qui vaut dispositif. Car son divan est devenu un outil à part entière de sa méthode psychanalytique. Avec ce meuble, Freud réalise un cocon propice à libérer la parole et à favoriser l'écoute, persuadé que le patient allongé, avec le regard vers le plafond, se confie plus facilement. À moins que le sujet ne s'attarde sur l'une des trois mille statuettes réparties sur les étagères, son bureau, les armoires, les bibliothèques, ou sur les centaines de livres, les photographies, les gravures… Du moment qu'il est débarrassé de tout contact visuel avec son psychanalyste, placé derrière lui, et de ses possibles réactions et gestes qui viendraient perturber sa pensée.

Offert en 1890 par l'une de ses patientes viennoises, Mme Benvenisti, satisfaite par les résultats de cette nouvelle méthode, le divan de crin a suivi Freud lors de son installation à Londres en juin 1938. Assez simple, il est fait de bois brut, recouvert, comme le mur adjacent, de deux tapis persans Ghashghaï, offerts par son cousin. Freud les aime particulièrement et y voit, à travers les couleurs et les motifs, l'univers du rêve. Cinq coussins en velours rouge ou vert, unis et à motifs, complètent l'installation. À son pied, une fine couverture beige brodée, destinée aux patients, est soigneusement pliée.

En septembre 1939, Sigmund Freud meurt et Anna décide de laisser en l'état le bureau et le cabinet de son père. Rien n'a été touché. Après la mort de celle-ci, en 1982, la maison de Hampstead, dans le nord-ouest de Londres, devient le musée Freud. Au milieu de ce décor d'un autre temps, trône toujours le divan. Ou plutôt ce que l'on suppose du divan, que l'on ne voit finalement pas. Recouvert par ce grand tapis et ces coussins, on le sait là, on le devine, mais il reste caché, enfoui. Comme peuvent l'être les souvenirs, les traumatismes et les oublis des patients de Freud au début de leur analyse. Nous en resterons là pour aujourd'hui.

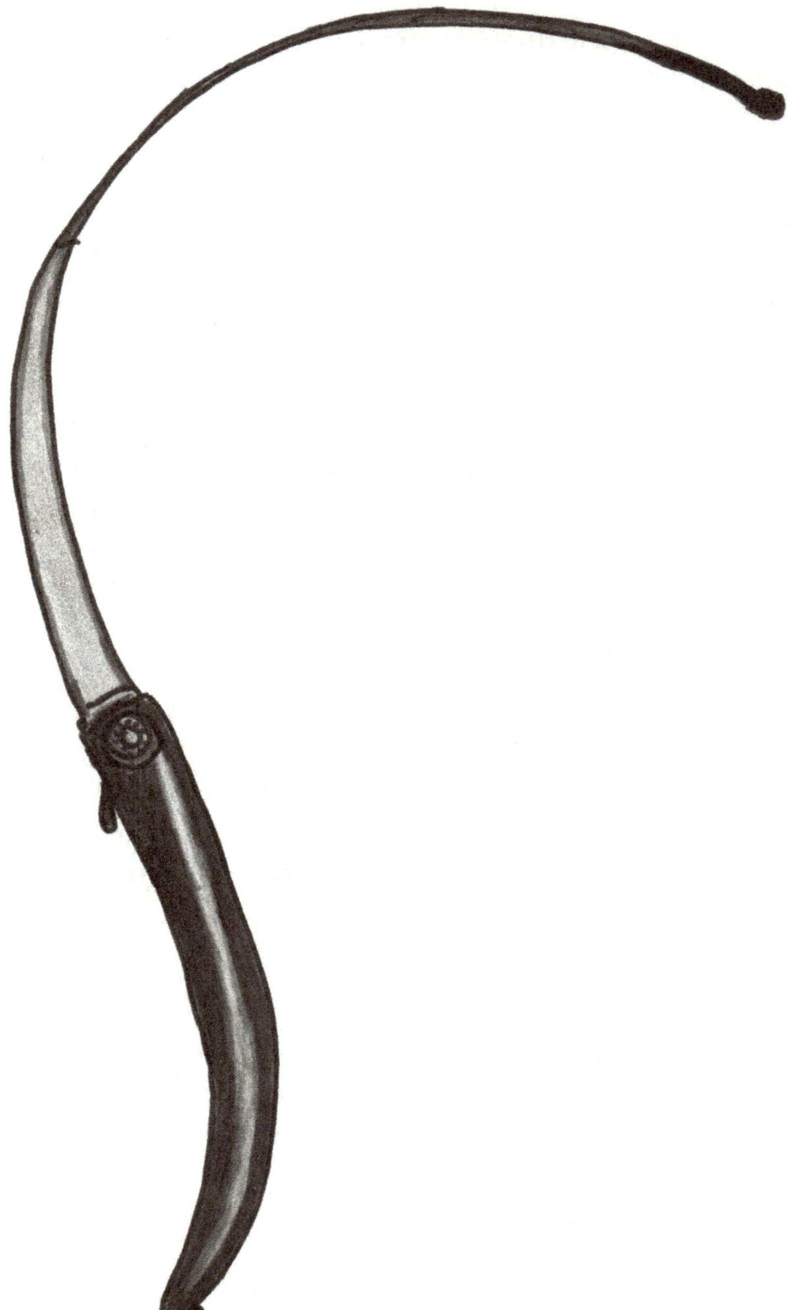

Le bistouri de Louis XIV

Chambre du roi - Château de Versailles
18 novembre 1686

Comment une fistule anale royale a engendré l'invention d'un outil médical, la reconnaissance de la chirurgie par la médecine et un hymne national ?

Le cul nu, les cuisses écartées, le roi est allongé au bord de son lit, sur le ventre, un traversin sous celui-ci pour rehausser son postérieur. Sous les yeux et les prières de Madame de Maintenon et du père Lachaise venus le soutenir durant cette épreuve, Louis XIV tient la main de son ministre de la Guerre, Louvois, et s'offre à son médecin, Charles-François Félix de Tassy. Le premier chirurgien de la cour est assisté de La Raye et de quatre apothicaires qui maintiennent les jambes du monarque. Huit heures du matin viennent de sonner et ce que l'on qualifie déjà de « grande opération » débute dans le plus grand secret.

Rougeole, scarlatine, petite vérole, dysenterie, tumeur au sein, syphilis, gonorrhée, fièvre typhoïde, goutte, furoncles, infections dentaires… Le roi n'est pas épargné depuis sa tendre enfance par divers ennuis de santé. Jusqu'à ses problèmes d'indigestion toujours plus fréquents, qui lui empoisonnent la vie et celle de son entourage. Il faut dire que le régime alimentaire de la cour est considérable, là où une quinzaine de plats plus riches les uns que les autres se disputent aux desserts sucrés et aux multiples collations au fil de la journée. De quoi venir troubler les intestins les plus fragiles, comme les plus résistants. À cela s'ajoutent des lavements fréquents à l'aide de clystères en métal à la stérilité défaillante. Un cocktail explosif vécu dans l'insouciance. Jusqu'à ce qu'une grosseur près de l'anus ne vienne compliquer encore un peu plus la santé du roi. Si elle commence par le gêner, elle va finir par devenir un mal atroce et lancinant, se transformant en abcès. Divers emplâtres réduits en poudre et composés de graines de lin, de seigle, d'orge, de vinaigre et d'eau ne donnent aucun résultat. Pas plus que ceux faits de farine, de suif de bouc, d'huile d'olive, de céruse et de litharge d'or.

La situation empire lorsque l'infection vient traverser la paroi rectale pour engendrer un conduit artificiel entre le rectum et une glande anale, appelé « fistule ». De quoi provoquer selles incontrôlées et douleurs constantes.

Une tumeur à la cuisse est le prétexte officiel pour expliquer ces afflictions royales et excuser Son Altesse de ses absences soudaines et répétées lors des conseils et banquets.

Le barbier-chirurgien Félix de Tassy vante alors les mérites de l'opération comme seule solution. Voilà donc

Louis XIV dans cette position si éloignée du prestige et de la grandeur qui le caractérisent, le séant tourné vers les fenêtres d'où pointent à peine les premières lueurs du jour.

Pour mener à bien son opération, Félix de Tassy utilise deux outils métalliques. D'abord un écarteur d'anus de 28,6 centimètres de longueur formant un V aux bouts arrondis se terminant en trois pointes de 13 centimètres. En son centre, une longue vis qu'il ne restera plus qu'à tourner progressivement pour accéder plus facilement à la fistule.

Ensuite, un bistouri. Mais pour que celui-ci soit le plus efficace et indolore possible, il va s'ingénier à le moderniser. Le manche fin et courbé, ressemblant à celui d'un couteau et fait d'écailles de tortue, se prolonge en une lame elle aussi voûtée, dans le sens inverse, à laquelle Félix de Tassy adjoint une longue sonde fine et souple, probablement en étain, se terminant par une minuscule goutte. Le tout forme comme un grand S long d'un peu plus de 20 centimètres. Un bistouri dit « à la royale » qu'il a testé et amélioré durant des mois, en s'exerçant sur plus de soixante-dix fistuleux des prisons et hôpitaux de Versailles et de Paris. De quoi s'entraîner au maniement délicat de l'outil, minimiser les risques au moment de soigner le roi, et probablement protéger sa carrière et sa vie.

Avec pour seule anesthésie les prières et la main réconfortante de son ministre, Louis XIV supporte sans broncher pendant près de trois heures les douloureuses manipulations du bistouri et des ciseaux venant ouvrir la fistule. Félix de Tassy ne tremble pas et mène à bien l'opération. À l'issue de l'intervention, on salue le courage de Sa Majesté et on pratique une saignée pour compléter le travail et assurer la guérison.

Dans la journée, le roi préside depuis son lit un conseil. Dans quelques semaines, il sera debout, après une seconde incision et un pénible drainage. Le roi est guéri. La cour peut respirer et l'on fête dignement le rétablissement du roi. Madame de Maintenon demande à Lully de composer un *Te Deum* en l'honneur de cette guérison, *Grand Dieu, venge le roi.* Une composition qui plaît tant qu'elle est régulièrement jouée en présence du roi. En visite à Versailles en 1714, le compositeur du roi George, Haendel, s'en éprend, l'adapte et le soumet à son souverain anglais. C'est là encore un succès, joué à l'envi pour devenir *God save the king*, l'hymne national britannique.

Félix de Tassy, lui, devient le héros ayant sauvé le monarque de ses malheurs, celui qui a écarté le danger par ses outils et sa précision. Il est grassement récompensé par 150 000 livres, l'obtention des terres de Moulineaux et une réputation sans faille à la cour. À tel point que beaucoup de ces messieurs osent désormais avouer leur mal et demandent à passer entre ses doigts experts, quand d'autres s'inventent un abcès pour le seul honneur d'avoir à dire qu'ils souffraient du même symptôme que le roi. Quelle classe !

Félix de Tassy n'a plus jamais opéré du reste de sa vie, ayant atteint là le summum de sa carrière et de sa renommée. La chirurgie devient alors une pratique à part entière de la médecine. Le bistouri à la royale a été précieusement conservé en l'état au Collège de chirurgie. Pièce à conviction de la guérison et de la gloire, il trône désormais en toute discrétion dans l'écrin d'une vitrine du musée de la Médecine, dans le VIe arrondissement de Paris. Souvenir du Roi-Soleil ayant eu rendez-vous avec sa lune.

Le pont de *Jeux interdits*

Pont d'Aiguines - Moustiers-Sainte-Marie
Provence-Alpes-Côte d'Azur - 1974

Comment le pont filmé par René Clément et classé aux Monuments historiques a-t-il disparu, alors qu'il existe encore ?

Un convoi d'hommes, de femmes, d'enfants, de voitures, de bicyclettes et de charrettes traverse un pont voûté en pleine campagne. Une déroute ou plutôt un exode, celui de Français fuyant l'occupant allemand sous le soleil de juin 1940. La panique s'empare du cortège quand les moteurs des avions allemands se font entendre. Sous les bombes et les balles ennemies, c'est la débandade. On court pour se réfugier sur le bas-côté, abandonnant pour un temps ses biens. La première salve est passée, vite repartir. La voiture d'un couple et de leur fillette de 5 ans ne redémarre pas et bloque le passage. Dans ces moments, pas de pitié, le véhicule est poussé dans le fossé et avec lui l'espoir de s'en sortir facilement. La petite Paulette, elle, ne pense qu'à son chiot, qui s'enfuit. La voilà qui court après lui, obligeant ses parents à la poursuivre sur ce pont où ils trouvent rapidement la mort, criblés par une nouvelle rafale. Leurs corps affalés gisent désormais sur le pont, abandonnés par tous. Le petit chien passe lui aussi l'arme à gauche et finit jeté par-dessus le parapet dans la rivière par une vieille femme qui a bien d'autres chats à fouetter. Paulette est désormais orpheline et sa nouvelle vie commence.

La scène d'ouverture, dite « de l'exode » ou « du pont », de *Jeux interdits* est devenue mythique. Déchirante, elle accroche les spectateurs par son intensité et frappe les esprits par sa tristesse. Le film de René Clément, sorti en 1952, et le thème musical réarrangé et composé par Narciso Yepes ont connu tous les honneurs. Oscar du meilleur film étranger, Grand Prix au festival de Cannes, Lion d'or à la Mostra de Venise, Bafta du meilleur film, sacré meilleur film par les presses américaine et japonaise… Un triomphe qui en a fait un classique, vu par des millions de personnes qui ne peuvent, à nouveau, retenir leurs larmes dans la séquence finale face aux cris de la petite Paulette qui pense retrouver son ami : « Michel… Michel !… »

Le tournage s'est déroulé dans les Alpes-de-Haute-Provence, entre le hameau de La Foux, les communes d'Aiguines et de Moustiers-Sainte-Marie, la route nationale 557, le cours d'eau du Verdon et le pont d'Aiguines. Planté au cœur de la vallée des Salles, longeant de vastes prés, l'ouvrage est surnommé « le pont romain » par les habitants du coin. Datant de la première moitié du XIIIe siècle, composé de sept arches, il est long de

125 mètres, mais large de seulement trois. Abîmé par les nombreuses crues, dynamité par les maquisards et les nazis, bombardé par les soldats de l'armée américaine… Il a résisté à tout. À tout, sauf aux ambitions de l'État.

L'idée d'un barrage dans cette vallée intéressait déjà la société Schneider à la toute fin des années 1920. Une crainte constante pour les habitants, sauvés par les péripéties de la petite et de la Grande Histoire. Jusqu'au début de l'année 1970. EDF prépare la construction d'un immense barrage de 93 mètres de hauteur et de 138 mètres de largeur : le barrage de Sainte-Croix. Et qui dit barrage *ex nihilo* dit généralement création d'un réservoir d'eau. Le projet est si l'on peut dire assez simple. Il suffit d'inonder la vallée des Salles. Et avec elle les terres et les édifices en tout genre : village, églises, tunnels, viaducs et… ponts. À l'été 1974, le décor a radicalement changé. Le lac de Sainte-Croix et ses 26 kilomètres carrés et 760 millions de mètres cubes d'eau ont englouti le pont d'Aiguines, gisant par 90 mètres de fond. Les villageois ont déménagé et noyé leur chagrin dans les souvenirs.

En 2011, des membres de l'association Mémoires de Salles-sur-Verdon, équipés d'un sonar, ont sondé les tréfonds du lac. Et retrouvé le fameux pont, toujours ancré sur ses arches et ses piliers. Il semble amoché par endroits, mais tient toujours debout. Debout certes, mais abandonné. Comme les parents et le chiot de Paulette.

La Mercedes de Lady Di

Tunnel du pont de l'Alma - Paris
31 août 1997

Comment une Fiat Uno, un détenu, Gilbert Bécaud, un maître-chien et un chauffeur ivre ont-ils fait de la Mercedes qui a coûté la vie à la princesse Lady Di une saga à elle toute seule ?

Une Mercedes S280 fonce à vive allure. Elle atteint très vite les 105 kilomètres à l'heure avant de s'encastrer violemment contre un pilier de béton. L'avant de la voiture n'est plus qu'un amas de tôle pliée en deux. Sous le ciel gris de Stuttgart, entouré de salariés du constructeur automobile allemand, Michel Nibodeau semble satisfait du résultat. Le second crash-test confirme la vitesse et les conditions de l'accident qui a coûté la vie à la princesse Lady Di le 31 août 1997.

Après l'examen des scientifiques de l'Institut de recherche criminelle de la gendarmerie nationale (IRCGN), l'expert travaille durant une année entière, à raison de trois à quatre jours par semaine, sur l'épave. Il l'inspecte en détail, du pare-chocs avant aux derniers millimètres du pare-chocs arrière. Il a même demandé à placer de nouveau, à l'aide d'un camion-grue de la fourrière, la voiture contre le treizième pilier du tunnel passant sous le pont de l'Alma. Celui qui a stoppé net le véhicule et la vie de trois personnes. Nibodeau est missionné par le juge Hervé Stéphan chargé de l'enquête afin de déterminer les raisons de l'accident fatal. D'où cette reconstitution grandeur nature. Sa conclusion est simple : aucun problème mécanique, le véhicule était en parfait état. À moins que…

Le soir du 30 août 1997, le couple Lady Di Dodi Al-Fayed est en transit à Paris, avant un vol pour Londres prévu le lendemain. Passé minuit, ils s'apprêtent à sortir de l'hôtel Ritz pour rejoindre les appartements privés de Dodi. Mais face à la foule de journalistes et de curieux massés devant l'entrée du palace, ils décident de leurrer les photographes. Leur cortège quitte la place Vendôme à vide et eux montent à bord de la Mercedes S280, immatriculée 688 LTV 75, garée rue Cambon à l'arrière de l'hôtel. Ou comment Lady Di et Dodi Al-Fayed se retrouvent dans la mauvaise voiture avec le mauvais chauffeur, Henri Paul, qui n'est pas habilité à conduire ce type de véhicule.

Les voilà malgré tout suivis par des paparazzi à scooter et quelques minutes plus tard, le drame se produit. La nouvelle fait rapidement le tour du monde. Lady Di est décédée. Et personne n'arrive réellement à y croire, tant cela paraît irréel, tant elle est célèbre, jeune, aimée, scrutée même… constamment suivie par une nuée de photographes. Très vite, ces derniers sont accusés d'être responsables du drame.

L'enquête commence. Ce n'est pas la Mercedes qui intéresse les enquêteurs et la presse... mais une autre voiture. La présence de débris en plastique d'un feu arrière rouge, qui n'appartiennent pas à la voiture allemande, et de traces de peinture blanche sur son aile droite laissent facilement à penser qu'un autre véhicule était présent dans le tunnel. Les scientifiques de l'IRCGN enquêtent sur cette peinture qui, comme toutes les autres, possède ses caractéristiques propres, tel un ADN. Très vite, les gendarmes établissent son profil : une Fiat Uno blanche fabriquée entre 1983 et 1987. Il en existe plus de quarante mille dans toute la France. Dès lors, une vaste traque se met en marche pour retrouver la mystérieuse voiture et son propriétaire. La presse s'emballe et l'on commence à parler d'attentat. Il faut retrouver cette petite Fiat et le mystère sera résolu.

Un photographe, James Andanson, a l'habitude des courses-poursuites de célébrités. Le voilà vite accusé, lui qui se déplace en Fiat Uno blanche. Il aura voulu faire ralentir la Mercedes pour prendre des photos. Fausse piste. Sa voiture est sur cales depuis des mois et l'homme a un bon alibi : il avait rejoint Gilbert Bécaud, en Corse, pour une séance photo du chanteur, qui confirme.

Deuxième piste. Un couple revenant d'un dîner a failli percuter la Fiat Uno blanche qui zigzaguait à la sortie du tunnel. La femme a le temps de voir le visage du conducteur. Un maître-chien qui, une fois retrouvé, se trouve être le propriétaire d'une Fiat Uno rouge fraîchement repeinte. Arrêté et interrogé, l'homme nie toute responsabilité, mais sa présence ne fait que peu de doutes. Il n'est pas inquiété par les autorités, jugeant qu'il n'est pas responsable de l'accident.

En 1999, l'affaire est classée par le juge français.

Le chauffeur Henri Paul ne possédait pas le permis nécessaire pour conduire cette voiture dite de « grande remise », conduisait trop vite, sous l'emprise de 1,74 gramme d'alcool par litre de sang, d'antidépresseurs, de somnifères et autres médicaments. Il a tapé la Fiat Uno blanche avant de se déporter et d'être stoppé net par le pilier. Un banal accident de la route en somme.

Mais sous la pression du milliardaire Mohamed Al-Fayed, la police anglaise reprend l'enquête. Le père de Dodi est persuadé qu'il s'agit d'un complot et d'un assassinat. Et c'est là que la Mercedes devient en réalité l'objet central de l'affaire. Et une saga à elle toute seule. Car, en réalité, il ne s'agit pas de son premier accident. Trois ans avant le drame, en septembre 1994, le publicitaire Éric Bousquet fait glacer ses chaussures rue de Ponthieu, dans le VIIIe arrondissement de Paris, quand son chauffeur se fait braquer et voler la voiture. Avec ses 5 mètres de longueur et ses 2 tonnes, garnie de cuir et de chrome, la Mercedes fait envie. Le malfaiteur est un détenu en permission bien trop pressé de rentrer en prison. Il s'amuse comme un petit fou sur la route, jusqu'à perdre le contrôle de la Mercedes. Il fait plusieurs tonneaux avant de finir sa course dans un champ. La voiture est dans un piteux état.

Quand Éric Bousquet est contacté, il demande à récupérer son véhicule. Impossible, il est jugé comme non réparable. C'est une épave qui sera détruite et son assureur lui annonce un remboursement intégral.

Pourtant, la Mercedes est remise en état par un garagiste. Pas de petit profit. Un concessionnaire Mercedes vérifie ensuite l'état des pneus, des freins, de la carrosserie, le kilométrage. Et la revend en toute légalité à Niels Siegel pour 40 000 euros. Une bonne affaire pour le patron de la société Étoile Limousines, qui vient compléter sa flotte de véhicules mis à la disposition des clients du Ritz, dont il est le partenaire.

Pourtant, les chauffeurs constatent très vite un manque de fiabilité, les voyants électroniques de l'ABS et du système de freinage s'allument sans raison. Ils ne sont pas rassurés et, selon leurs dires, évitent les coups d'accélération, les freinages trop brusques et même de dépasser les 60 ou 70 km/h. La Mercedes est jugée dangereuse et retourne chez le concessionnaire pour vérification. Pourtant, tout semble en ordre.

Jusqu'au 21 avril 1997. Nouveau rebondissement, Niels Siegel se fait braquer la Mercedes en plein Paris alors qu'il déposait des clients. Elle sera retrouvée deux mois plus tard sur une bretelle d'autoroute, délestée de toute l'électronique. Des réparations et un coût supplémentaire de 17 000 euros pour le patron d'Étoile Limousines. Et un argument de plus pour les enquêteurs de Mohamed Al-Fayed : les services secrets britanniques ont trafiqué la voiture pour la contrôler à distance. Une théorie rejetée par les scientifiques de l'IRCGN après expertise.

L'accident du 31 août 1997 est dû à une multitude de facteurs, à une accumulation de mauvaises décisions, à des hasards malheureux.

Mais qu'est devenue la Mercedes ? Selon Michel Nibodeau, après son expertise, l'épave finit dans deux conteneurs : dans l'un, le châssis, dans l'autre, toutes les pièces démontées. Une nouvelle fois épave, elle devrait être détruite à ce jour. Mais l'histoire semble se répéter. Et deux théories s'affrontent.

Jean-Michel Caradec'h, dans son ouvrage *Qui a tué Lady Di ?*, avance l'idée que la Mercedes dormirait dans les sous-sols du Ritz, comme une pièce d'un musée morbide à l'abri des regards.

Dans une enquête datant d'août 2017, le tabloïd anglais *The Sun* affirme, lui, que la Mercedes est stockée à la fourrière de Bonneuil-sur-Marne, au sud-est de Paris. Là, à deux pas de la N19, entre les véhicules en attente de leur propriétaire et les carcasses métalliques, huit conteneurs métalliques orange et bleus. Dans l'un d'entre eux dormirait ce qu'il reste de la fameuse Mercedes. Mais depuis, les boîtes ont été déplacées. Plus aucune trace.

La famille royale demande la destruction de la voiture de manière discrète. En vain, semble-t-il.

Près de trente ans plus tard, la seule trace qui rappelle l'accident dans ce tunnel est un portrait de Lady Di en noir et blanc collé sur le treizième pilier du tunnel. Une princesse intacte et éternellement jeune.

Le rouet de Gandhi

Mani Bhavan - Bombay - Inde - 1921

Comment un simple outil de confection en bois a-t-il largement servi la cause de l'indépendance indienne ?

Les rues de Bombay sont bien désertes pour accueillir le prince de Galles, futur roi Édouard VIII. Point de foule en liesse massée le long des routes ou aux abords des lieux de visite. Des membres des minorités parsie, juive et anglo-indienne sont bien présents, mais en nombre restreint. La venue du prince héritier en Inde en cette mi-novembre 1921 doit pourtant renforcer le sentiment loyaliste envers l'empire. Ainsi en a décidé la Couronne. Le mouvement de non-coopération lancé par Mohandas Gandhi a pris une ampleur bien trop importante. Cette envie d'indépendance fragilise non seulement l'industrie européenne, mais aussi le principe même de la colonie.

Ainsi, Gandhi a lancé un appel au boycott de cette visite princière et une grève pacifique en vue de protester encore et toujours contre cette domination devenue insupportable. Si le Mahatma rejette toute violence dans sa démarche, des émeutes éclatent malgré tout pendant trois jours entre les différentes communautés indiennes.

Au total, cinquante-huit personnes perdent la vie et deux cent quatre-vingt-une sont blessées. Un raté total pour l'Angleterre et une affirmation de l'influence de Gandhi auprès du peuple.

L'année précédente, l'avocat de formation avait déjà convaincu avec un programme de désobéissance civile simple et non violent : « Le seul mode de résistance valable au gouvernement britannique est de cesser de coopérer avec lui. » En somme, désertez les rangs de la police et de l'armée, les tribunaux et les écoles britanniques ; préférez les écoles nationales et les arbitrages locaux. Libérez-vous du joug anglais en refusant les marchandises occidentales, notamment leurs vêtements réalisés avec le coton indien et revendus si cher. Préférez les tisseurs indiens, redonnez du travail à votre famille, à vos amis.

Parfois, les tissus étrangers sont brûlés lors de grands feux de joie libérateurs. Dans certains ports, des caisses entières sont ainsi réduites en cendres.

Surtout, Gandhi encourage chacun à ressortir les vieux rouets remisés, les charkhas traditionnels. « Réappropriez-vous cet artisanat. » À ceux qui n'en possèdent pas, il fait distribuer plus de deux millions de cette machine à roue. « Filez et tissez », concevez vos propres habits afin de vous émanciper encore et toujours de l'économie britannique. Lui-même a quitté ses vêtements occidentaux pour revenir à l'essentiel, le dhoti, cette grande étoffe blanche traditionnelle longue de 5 mètres, faite de coton épais dont il s'enveloppe. Il se contente même parfois d'un simple pagne, comme pour se rapprocher plus encore des plus démunis ainsi vêtus. Une tenue devenue elle aussi la représentation ultime du Mahatma à demi-nu.

Chaque jour, avant même de se nourrir, Gandhi s'assoit au sol sur un tapis, en tailleur face à son rouet et tisse au moins une demi-heure. Le rythme de l'outil en action s'accorde à son chant cadencé, comme une prière. Une position et un geste d'une simplicité extrême.

Gandhi propose alors que le rouet, dans toute sa symbolique, soit présent sur le drapeau tricolore indien. C'est chose faite en 1931 quand l'objet dessiné en bleu figure sur la bande centrale blanche, entre celle de couleur safran en haut et celle de couleur verte en bas.

Si le rouet disparaît du drapeau quelques jours avant la Déclaration d'indépendance du pays en août 1947, remplacé par la roue éternelle de la loi, appelée « chakra », l'outil est déjà entré dans l'histoire. Et offert aux yeux du monde entier, immortalisé par la photographe américaine Margaret Bourke-White en 1946 en une du magazine *Life. Gandhi au rouet* consacre le Mahatma comme le défenseur humble de l'indépendance et l'objet comme l'instrument pour y parvenir.

Deux exemplaires des rouets ayant appartenu à Gandhi sont présentés dans sa maison Mani Bhavan, à Bombay, dans laquelle il vécut entre 1917 et 1934. Ils sont exposés dans une pièce très sobre, auprès de son lit, d'une petite écritoire et de livres. C'est ici, désormais, que la foule de touristes se presse.

La lime qui a tué Sissi

Genève - Suisse - 10 septembre 1898

Comment un outil utilisé par les menuisiers a touché au cœur l'impératrice d'Autriche, alors qu'elle n'était pas la première cible de son assassin ?

Le drame va se nouer dans un mouchoir de poche. Deux cents mètres à peine séparent l'hôtel Beau-Rivage de Genève, dressé face au lac Léman, de l'embarcadère. Moitié moins entre ce dernier et le lieu de l'arrestation de Luigi Lucheni.

Caché derrière l'un des arbres du quai, près du bateau, l'homme de 25 ans n'est pas bien grand. Coiffé d'un chapeau et vêtu d'une veste noire, d'un gilet et d'un pull rayé, il manipule le manche en bois grossièrement taillé d'un poinçon utilisé par les menuisiers pour aiguiser leur scie. L'anarchiste italien, né à Paris, attend patiemment l'arrivée de sa victime, celle que l'on surnomme « Sissi ». Pourtant, elle n'est qu'un troisième choix dans la mission qu'il s'est donnée. Luigi Lucheni s'est promis d'assassiner le roi d'Italie, Humbert Ier. Seulement, un agent français infiltré parmi les anarchistes a prévenu les autorités italiennes d'une menace imminente. La sécurité du souverain est ainsi renforcée. Lucheni apprend alors la venue de Philippe, duc d'Orléans, à Genève. Le prétendant au trône de France reste une cible tout à fait honorable et sa disparition fera tout autant les gros titres et servira aussi bien son combat, celui de faire la peau de « ces cochons de riches ». Mais là encore, son plan échoue, le duc annulant sa visite. Alors ce sera l'impératrice d'Autriche.

Sissi s'est réveillée plus tard qu'à son habitude. Elle tient absolument à écouter la cantatrice Adelina Patti et doit pour cela prendre le bateau de 13 h 40. Après quelques emplettes et un déjeuner sur le pouce, Sissi et sa dame de compagnie, la comtesse Irma Sztáray, quittent l'hôtel à pied et n'ont qu'à traverser la rue. Sa suite est déjà partie, à sa demande. À 60 ans, uniquement accompagnée de la comtesse, Sissi est une proie facile.

À leur arrivée sur le quai du Mont-Blanc, Lucheni court vers elles et vient frapper de son poing l'impératrice sur la poitrine, avant de s'enfuir. Irma Sztáray pousse un cri, Sissi perd son chapeau à voilette, ses longs cheveux tressés se défont en partie et amortissent sa chute. On accourt, on s'inquiète, on la relève, on lui propose de revenir à l'hôtel… mais elle rassure tout le monde, elle n'a rien. Elle est un peu pâle, certes, mais tout va bien. Un vaurien qui en avait sans doute après sa montre.

C'est l'heure d'embarquer. Une fois sur la passerelle, on annonce déjà l'arrestation du bandit. Mais Sissi se sent mal, une douleur à la poitrine l'étreint. Elle tombe à genoux. La comtesse lui donne un sucre imbibé d'éther comme remontant et lui défait son corsage pour la faire respirer. C'est là qu'elle découvre une petite tache de sang sur l'un des rubans de soie jusque-là positionné au niveau du cœur. Sissi est gravement blessée. Le commandant fait demi-tour et l'on improvise une civière de fortune. Une heure après sa rencontre aussi courte que brutale avec Lucheni, Élisabeth de Wittelsbach, impératrice d'Autriche, reine de Hongrie, de Bohême et de Lombardie-Vénétie, duchesse en Bavière, décède à l'hôtel Beau-Rivage.

Encadré par deux policiers, Luigi Lucheni a le sourire aux lèvres et chantonne. Il ne sait pas encore qu'il a réussi son coup, que la lime triangulaire longue de 9 centimètres aux bords plus ou moins émoussés a traversé la paroi thoracique sur une large déchirure allant de haut en bas, fracturé une côte et perforé le ventricule gauche. Le cœur s'est vidé lentement, Sissi n'avait aucune chance.

Au fil des heures, le monde apprend la nouvelle et s'indigne. Les réactions des dirigeants européens sont nombreuses. Le président Félix Faure, la reine Victoria, le roi des Belges Léopold II, l'empereur allemand Guillaume II, le pape Léon XIII... Tous envoient leurs condoléances, leurs représentants, mettent pour certains les drapeaux en berne. Quelques heures plus tard, le président américain William McKinley et le tsar Nicolas II envoient un télégramme de condoléances. Ils seront eux aussi assassinés à leur tour, trois et vingt ans plus tard.

Luigi Lucheni n'est pas peu fier de son acte. Il fanfaronne lors de son procès, sourit et crie : « Vive l'anarchie, à mort l'aristocratie ! » Condamné à la perpétuité, il rédige ses mémoires puis se pend dans sa cellule en octobre 1910. Pour « raisons scientifiques », sa tête aux yeux endormis est conservée dans un bocal de formol, enfermé dans un placard de l'Institut de médecine légale de Genève. En 1986, la tête est remise à l'Institut d'anatomie de l'université de Vienne, avant de rejoindre son corps au cimetière central de la ville, quatorze ans plus tard.

Quelques traces de l'événement subsistent. À Genève, une plaque de bronze apposée sur la balustrade du quai rappelle l'endroit de l'assassinat et l'hôtel Beau-Rivage conserve le registre du mois de septembre 1898 et le ruban de soie taché du sang de l'impératrice.

Le monde a oublié Lucheni, Sissi est passée à la postérité, notamment grâce au cinéma et à la télévision. La lime fatale, celle qui les a unis pour une seconde et pour l'éternité, est exposée aux yeux de tous, loin de toute anarchie, dans le silence d'une vitrine dédiée du musée de l'Histoire de la médecine Josephinum, à Vienne, en Autriche. Seule face à son destin.

La prison de la Bastille

Quartier Saint-Antoine – Paris
15 juillet 1789

Comment le symbole de la Révolution française a-t-il fini éparpillé dans toute la France ? Et même un peu plus loin.

La Bastille est à prendre ! Littéralement. Si la fin de la monarchie a sonné, celle de la prison d'État aussi. Parmi la foule, un homme pense déjà à l'après. Il n'est pas bien grand, moins encore face à l'énorme bâtisse qui se dresse devant lui. Mais n'en est nullement impressionné. Pierre-François Palloy est même plutôt déterminé, en ce 14 juillet 1789, à tirer profit de la révolte en cours et à entrer dans l'histoire.

Construite quatre cents ans plus tôt par Charles V, soucieux de renforcer la sécurité de la capitale à l'est, la forteresse n'enferme plus, en cet été 1789, que sept prisonniers. Mais qu'importe, le symbole est fort. Huit tours de 24 mètres de hauteur, reliées par un mur d'enceinte épais de 3 mètres, dominent un édifice long de 66 mètres et large de moitié. Soit des milliers de pierres qui vont faire la richesse de ce maître-maçon et entrepreneur de travaux publics de 34 ans, convaincu qu'il faut agir vite.

Bien avisé, Palloy a ordonné à ses commis de rassembler au plus vite tout ce qu'ils trouveront d'ouvriers et contremaîtres dès le milieu d'après-midi. Sans autorisation aucune, mais chargé de suffisamment de bagout et de liquidités, et profitant de la cohue générale, il s'impose immédiatement comme le coordinateur de ce nouveau chantier. Le lendemain à l'aube, près de huit cents hommes travaillent sous ses ordres à démonter pierre par pierre la bastille Saint-Antoine. Bientôt rejoints, pour une heure, pour un mois, de bénévoles, de bourgeois ou encore d'intellectuels comme Beaumarchais et Mirabeau. Un accord tacite est passé avec la municipalité le 16 juillet. La voie est officiellement libre.

Les chariots vont et viennent au rythme incessant des bras ouvriers, payés par la ville. Plus les jours passent et moins la Bastille n'écrase de son ombre menaçante les rues du quartier. Durant un an, les pierres sont entassées pour beaucoup, distribuées aussi. Elles profitent à différents chantiers, comme celui de l'achèvement du pont de la Concorde, ex-pont Louis XVI, mené par l'architecte Perronet. Celui qui fait face, désormais, au palais Bourbon où siègent les députés de la nation.

Mais Palloy a aussi le sens du commerce. Il fait fabriquer, à partir d'un modèle réalisé par un tailleur de pierre, des dizaines de Bastille miniatures très fidèles à leur aînée, longues d'un mètre, qu'il fait parvenir aux chefs-lieux des nouveaux départements et aux élus parisiens. Et il sait varier les plaisirs et les prestations. Dominos, jeux de cartes, boutons, tabatières, bonbonnières et même médailles commémoratives et bijoux sont vendus à tour de bras à partir des différents matériaux récupérés dans la prison.

En mai 1791, il ne reste qu'un terrain vague de plus de 14 000 mètres carrés. Deux ans plus tard, une enquête est ouverte sur les agissements du sieur Palloy. L'entrepreneur a amassé une telle fortune personnelle... Il est accusé d'avoir été payé sur une durée bien plus longue que le temps réel de la démolition. Pour les juges, la sentence est simple : la prison !

La Bastille, elle, est éparpillée par petits bouts dans toute la France, nourrissant le symbole d'une nouvelle République. Aujourd'hui, une pierre trône fièrement dans le musée de la Révolution française de Vizille, dans l'Isère. Deux autres dans les mairies de Saumur (Maine-et-Loire) et de Pontoise (Val-d'Oise). Une autre encore orne la porte de la Croix à Saint-Julien-du-Sault (Yonne), donnant au nom de la place celui de Liberté. L'horloge, appelée « carillon de la Bastille », est exposée au Musée européen d'art campanaire à L'Isle-Jourdain (Gers).

Les Archives nationales possèdent vingt-sept clefs des cachots qui, d'abord portées triomphalement par des civils et des militaires, sont récupérées par une patrouille de la garde. Une autre clef, longue pièce de 18 centimètres et lourde d'un kilo et demi, a quant à elle migré jusqu'aux États-Unis. Un cadeau de la France remis à George Washington, premier président américain. Elle est désormais exposée sur l'un des murs de sa demeure, à Mount Vernon, en Virginie.

La Bastille n'a pour autant pas disparu de la capitale. Si la réplique de la prison à taille réelle construite avenue de Suffren le temps de l'Exposition universelle de 1889, cent ans après sa disparition, n'emprunte rien à l'original, les Bastille miniatures, étonnantes de précision, exposées au musée Carnavalet et aux Archives nationales sont les rares exemplaires encore connus réalisés par Palloy.

Sur la place actuelle de la Bastille, des pavés marquent au sol l'emplacement de la prison et l'on y distingue ainsi, au début de la rue Saint-Antoine, le contour de la tour de la Liberté, dans laquelle fut enfermé le marquis de Sade au second étage.

Ce sont précisément les bases de cette tour qui ont été mises au jour à la fin de l'année 1898 lors du percement de la ligne 1 du métro parisien. Enfouies à 7,5 mètres sous terre, elles ont été sauvées de la destruction par la Commission du Vieux Paris, soucieuse de préserver le plus grand vestige encore existant. Le Trocadéro et le parc Montsouris sont un temps envisagés, mais c'est finalement le terre-plein installé l'année suivante entre le quai des Célestins et le boulevard Henri-IV, dans le IVe arrondissement, qui accueille ces fondations. À l'entrée de ce square baptisé « Henri-Galli » en 1921, un amas de larges pierres circulaires est à moitié envahi par la végétation et parfois quelques tags. La plaque rappelant son terrible passé est devenue presque illisible. Une Bastille sauvegardée, mais pas tout à fait valorisée.

L'échelle inamovible

Église du Saint-Sépulcre - Jérusalem
XVIIIe siècle

Comment une simple échelle de bois posée sur la façade de l'église qui abrite le tombeau du Christ est-elle tout aussi sacrée que ce dernier ?

La stupeur se transforme en agitation, la nervosité en colère. L'échelle a été déplacée, apprend l'un des prêtres ; retirée, avance un autre ; dérobée, confirme un troisième. Un inconnu a en effet volé l'échelle placée sur la corniche de la façade de l'église du Saint-Sépulcre à Jérusalem. Il est passé par la fenêtre sous laquelle l'objet est appuyé là depuis le début du XVIIIe siècle. Nous sommes en 1997 et c'est la seconde fois que cette petite échelle de bois est subtilisée. Les prêtres sont prêts à se battre… entre eux.

La basilique, située dans le quartier chrétien de la vieille ville, est sans doute le lieu le plus important de la chrétienté. C'est l'impératrice Hélène, la mère de Constantin Ier, qui fait du christianisme la religion officielle de l'empire, qui ordonne des fouilles sur le site du mont Golgotha au IVe siècle. Là, sur cette carrière de pierres, le Christ fut crucifié sur la Croix, enterré dans la grotte et ressuscita selon la tradition chrétienne. Une découverte jugée miraculeuse qui justifia la construction d'une église.

Renfermant le tombeau du Christ, le lieu est suffisamment important et sacré pour qu'y cohabitent six ordres chrétiens. Progressivement, les catholiques romains, les Coptes, les Grecs orthodoxes, les Éthiopiens orthodoxes, les Syriaques orthodoxes et les Arméniens apostoliques s'octroient chacun une partie de l'église. Une vie commune difficile où les tensions sont permanentes quant à l'utilisation du bâtiment. Des conflits répétés qui les obligent à déclarer en 1757 le principe de droits inaliénables à chacun et celui du statu quo. Plus rien ne peut être décidé, modifié ou déplacé sans l'accord des six confessions. Ainsi, l'église est victime par endroits d'un manque cruel d'entretien, tant les travaux de rénovation sont impossibles à mettre en place.

Et le diable se niche dans les détails, car absolument tout est sujet à entente et convention totale : l'heure de l'ouverture et de la fermeture des portes de l'église, l'allumage des lampes à huile et des chandeliers, les heures de prières, le nombre de carreaux foulés au sol par chacun des ordres en se rendant à la prière…

Une situation ubuesque qui mène régulièrement à de fortes disputes, comme ce jour de chaleur en 2002. L'un des prêtres décale une chaise qui brûle sous le soleil pour se mettre à l'ombre. Sacrilège ! Aucun accord n'a été donné, le contrat semble rompu, ce qui provoque la colère des cinq autres ordres. Les prêtres en viennent aux mains dans une bagarre générale qui oblige la police à intervenir pour les séparer.

Et il en va de même pour cette simple échelle de cèdre à cinq barreaux laissée par un ouvrier après des travaux réalisés au début du XVIIIe siècle. Déjà représenté sur une gravure datant de 1728, l'objet est devenu un élément à part entière de l'église et se soumet aux mêmes règles que les plus sacrés du lieu. À tel point qu'en 1964, lors de sa visite, le pape Paul VI, heurté par cette situation, précise officiellement que l'échelle doit elle aussi rester en place tant que les mésententes ne seront pas réglées. Elle est surnommée l'« échelle inamovible ».

Une incongruité pour les visiteurs qui s'en amusent et un objet de convoitise pour quiconque souhaite troubler le calme précaire de l'église et souffler sur les braises de la division. Si un premier voleur, en 1981, s'était fait arrêter par la police en quelques minutes, celui de 1997 réussit son coup et s'échappe.

Il faudra plusieurs semaines pour que l'échelle soit retrouvée et replacée sur la corniche, sous la fenêtre. Exactement au même endroit. Et probablement quelques siècles encore pour qu'elle puisse être retirée, et ce de façon concertée. Car les six confessions sont parvenues à se mettre d'accord sur un point : une grille est depuis apposée dans l'encadrement de la fenêtre. Ainsi, l'échelle est devenue inaccessible en plus d'inamovible.

Les Tommy Guns d'Al Capone

Chicago - Illinois - États-Unis
14 février 1929

Comment deux mitrailleuses ont construit, dans l'imaginaire collectif, la figure de Scarface un jour de Saint-Valentin ?

Si les 10 centimètres de neige de la veille ont fondu des trottoirs de Chicago, quelques flocons épars tournent autour des habitants et rappellent que les températures restent négatives en ce jeudi matin. Les amoureux de la ville ne pensent qu'à leur soirée de fête, quand les hommes d'Al Capone finalisent la préparation de ce qui va devenir le crime le plus violent de la fin des années 1920 et le plus symbolique de la mafia américaine.

Dans ces années de Prohibition, le crime organisé règne sur le trafic d'alcool et la prostitution et la guerre entre les différents gangs fait rage. Assassinats, jambes brisées, vols répétés de cargaisons d'alcool, représailles en série… Tous les coups sont permis. Mais cette rivalité avec le clan irlandais des quartiers nord n'a que trop duré. La mission des sbires de Capone est claire : ils doivent éliminer George Bugs Moran et ses hommes et offrir à leur chef le contrôle total de Chicago. Exilé à Miami pour quelques semaines de repos ensoleillé, le patron à la cicatrice sur la joue gauche a confié la mission à Jack McGurn. Un chic type, surnommé « Machine Gun », qui a donné rendez-vous à Bugs Moran et ses lieutenants au garage SMC Cartage & Co, situé sur la North Clark street. Le but officiel : se mettre enfin d'accord au sujet d'une cargaison de whisky.

À 10 h 30, les voitures entrent dans le garage pour se placer derrière les camions censés contenir les caisses d'alcool. Le portail se referme et le piège aussi. Si Bugs Moran est absent, sept de ses hommes sont prêts à examiner le chargement. Tout à coup, deux policiers surgissent en brandissant leurs armes. Mains en l'air ! Tout le monde obéit, la surprise est totale et personne ne peut s'échapper. En état d'arrestation, les hommes de Moran sont facilement désarmés et alignés contre le mur de briques, à côté d'une petite table et de quelques chaises. Mais ils réalisent assez vite que les deux policiers sont des complices du clan Capone déguisés en agents. Ils n'ont le temps de rien ; deux fusils de chasse et surtout deux Tommy Guns les arrosent de quatre-vingts balles. Leur compte est bon. Ils s'écroulent dans une mare de sang, tandis que les deux faux policiers sortent rassurer les voisins, inquiétés par cette pétarade.

À l'arrivée des vraies forces de l'ordre, tout a disparu. Les hommes d'Al Capone, les armes… C'est un véritable carnage et les photographes immortalisent les corps sans vie, étendus les uns sur les autres. L'un d'entre eux survit quelques heures. Interrogé, à la question « qui a tiré ? », il répondra « personne ». Ne jamais parler aux flics, c'est la règle d'or. Des policiers marquent au crayon les différents impacts de balles dans le mur, afin de déterminer le nombre de munitions utilisées et le type d'armes. Ils en sont sûrs, deux fusils de chasse et deux Tommy Guns ont été utilisés.

Chères, lourdes et manquant de précision, ces mitrailleuses automatiques sont pourtant très en vogue auprès des gangsters des années 1920. Elles sont les seules de leur catégorie sur le marché à cette époque et font des ravages. Et ce grâce à leur chargeur circulaire, surnommé « le camembert », qui contient cent munitions de calibre 45 déchargées en une dizaine de secondes. Un régal pour tout gangster qui doit agir vite et arroser au plus large une voiture, une vitrine ou une rangée d'ennemis alignés contre un mur. Les Tommy Guns tirent leur surnom de leur inventeur John T. Thompson, un officier américain, qui comptait vendre son bijou 3 500 dollars actuels à l'armée pendant la Première Guerre mondiale. Mais quand son prototype est enfin achevé, le conflit mondial aussi.

Si Al Capone et sa clique sont les premiers suspects, la police de Chicago est bien en peine de rassembler les preuves et liens suffisants pour les incriminer. L'enquête patauge jusqu'au 14 décembre de la même année. Sur l'autre rive du lac Michigan, le shérif du comté de Berrien et ses hommes fouillent le domicile de Fred Burke, propriétaire d'une voiture impliquée dans un accident et la mort d'un policier abattu.

Sur place, la surprise est de taille. Sont retrouvés des obligations volées lors d'un braquage de banque, une kyrielle de balles dans des sacs en tissu, deux fusils de chasse, des pistolets, deux gilets pare-balles et… deux Tommy Guns ainsi qu'une dizaine de camemberts métalliques. Très vite, c'est une certitude, il s'agit bien des mitrailleuses qui ont fait frémir l'Amérique et asseoir la notoriété d'Al Capone. Une vraie prise de guerre. Seulement, faute de lien direct, Capone ne sera jamais inquiété pour ce massacre de la Saint-Valentin. Mais deviendra la cible privilégiée d'Eliot Ness et de ses agents, jusqu'à sa chute pour fraude fiscale.

La figure du bandit en costume italien brandissant cette mitrailleuse à chargeur circulaire devient l'archétype du mafieux des années 1920 et 1930, popularisé par les journaux puis les nombreux films et séries télévisées consacrés au banditisme de cette époque. On dit même qu'Al Capone possède un Tommy Gun plaqué or. C'est faux, mais peu importe, sa légende grandit.

En 1967, le garage est vendu et démonté pour laisser place à un petit jardin encore vert et vierge de toute construction aujourd'hui. Mais un entrepreneur canadien rachète le mur de briques constellé d'impacts de balles avant sa destruction. Morceau d'histoire sordide trimballé dans une exposition itinérante, puis dans un petit musée du crime éphémère, et enfin dans les toilettes d'une discothèque, le mur est acquis par le Mob museum. Le musée du Crime de Las Vegas ouvre ses portes… le 14 février 2012. Placé derrière une vitrine en verre, le mur est accompagné des différentes balles retrouvées dans ses briques, habillées de cercles tracés à la craie, et dans les corps des victimes.

Quant aux deux Tommy Guns, encore en état de fonctionnement, ils font la fierté du bureau du shérif du comté de Berrien, qui en a la garde depuis décembre 1929 et les expose dans une petite salle dédiée. La balistique a révélé qu'ils ont tué au moins une vingtaine de personnes avant les sept bandits de Bugs Moran. Si les mitrailleuses n'ont pas permis d'arrêter Al Capone et sa bande, elles ont néanmoins parlé.

La lettre de Jack l'Éventreur

Quartier de Whitechapel - Londres - 1888

Comment la lettre *Dear boss* signée du tueur en série des bas-fonds de Londres a-t-elle créé un nom et sa légende ?

L'excitation est palpable dans les bureaux de Scotland Yard. Une enveloppe, sans expéditeur identifié, mais provenant de la ville de Croydon, vient d'être livrée. Elle contient le rapport post mortem rédigé par le docteur Thomas Bond sur Mary Kelly et une lettre manuscrite à l'encre rouge… signée *Jack the Ripper.* Les inspecteurs sont intrigués. Il faut dire que nous sommes en novembre 1987 et que les documents sont vieux d'un siècle. Et voilà près de soixante ans qu'ils avaient disparu des archives de la police anglaise. Le mystère s'épaissit.

Quatre-vingt-dix-neuf ans plus tôt, la presse fait ses gros titres sur une série de meurtres commis à Whitechapel. Ce quartier pauvre et insalubre de l'Est londonien, connu pour ses rues sombres et mal famées, sa prostitution et sa violence, est désormais le terrain de chasse d'un tueur en série prenant plaisir à assassiner des prostituées. Si les policiers comptent onze meurtres perpétrés en moins de trois ans sur des femmes de petite vertu, cinq semblent reliés par un mode opératoire similaire et particulièrement sauvage. L'assassin prend plaisir à entailler l'abdomen de ses victimes et à prélever leur foie ou leur utérus.

L'assassin de Whitechapel fait frémir toute la capitale, particulièrement les lecteurs de nombreux journaux, avides de raconter une histoire horrible certes, mais qui fait vendre. Vendre beaucoup. Un surnom lui est rapidement trouvé : « Tablier de cuir », après qu'un morceau d'un tablier ensanglanté est trouvé près de l'un des corps. Plusieurs personnes sont interrogées, dont un ouvrier, un médecin, un journaliste, un avocat, un barbier, et un fabricant de chaussures de cuir surnommé ainsi. En vain.

Mais un autre nom, bien plus effrayant, bien plus repoussant, et surtout bien plus vendeur, s'installe dans la presse et la légende. La Central News Agency reçoit le 27 septembre 1888 une enveloppe adressée à *« The Boss – Central News Office – London City »*. À l'intérieur, une lettre anonyme rédigée à l'encre rouge, dans laquelle son auteur affirme être l'homme que tout le monde recherche. Il commence sa lettre par ces mots : *Dear boss*… et nargue sur deux pages recto verso les policiers sur leurs prétendues bonnes pistes. « Du beau travail que mon dernier ouvrage », explique-t-il fièrement. Il promet aussi qu'il découpera une oreille de sa prochaine victime et qu'il leur enverra, « histoire de s'amuser un peu ». Et il signe… « Jack the Ripper ». Jack L'Éventreur. C'est la première fois que ce surnom apparaît formellement et qu'il est sur le point de passer à la postérité, nationale et internationale. Une célébrité, sans réelle identité.

Pourtant, la lettre n'intrigue pas davantage les officiers de police, notamment l'inspecteur en chef, Frederick Abberline. Sûrement un nouveau canular d'un plaisantin. Les courriers prétendant être écrits de la main de l'assassin sont légion depuis quelque temps, avec chacun son style et ses spécificités. La lettre *Dear boss* est conservée, mais mise de côté. Jusqu'au 30 septembre où le corps d'une prostituée est retrouvé l'abdomen ouvert, avec un rein absent et, posés à côté de son visage entaillé à plusieurs endroits, certains de ses organes. Surtout, elle a le lobe d'une oreille sectionné. S'il n'a pas été envoyé aux autorités comme promis dans la lettre, cette dernière est dès lors prise très au sérieux.

Dear boss est reproduite et affichée dans tous les postes de police de la capitale et se voit publiée par la presse. Elle devient la preuve que Jack the Ripper existe bel et bien et qu'il court toujours. Surtout, elle donne un nom à cette ombre malfaisante.

Deux autres courriers sont par la suite envoyés. Le premier est une carte postale, intitulée *« Saucy Jacky »* à l'écriture similaire. La lettre *« From Hell »* se distingue, elle, par une écriture différente des deux premières, mais est accompagnée d'un morceau de rein humain.

Puis les meurtres sauvages cessent presque du jour au lendemain. Sans qu'aucun coupable formel ne soit identifié.

Des dizaines de théories et de coupables désignés ont vu le jour au fil des années et des décennies suivantes, à travers des livres aux preuves plus ou moins réfutables. Parmi eux, certains noms prestigieux : le prince Albert Victor de Clarence, fils du futur roi Édouard VII ; sir William Gull, médecin de la reine Victoria ; sir John Williams, obstétricien de la princesse Beatrice ; Lewis Carroll, l'auteur du roman *Alice au pays des merveilles* ; Walter Sickert, un peintre anglais… La reine Victoria mène elle aussi sa petite enquête, suggérant qu'un marin soit l'affreux coupable, et demande à son Premier ministre de comparer les dates des crimes avec celles des escales des bateaux de commerce dans la capitale.

Deux théories récentes éclairent l'affaire sous de nouveaux jours. Pour l'historien Andrew Cook, la thèse de l'assassin unique ne tient pas. Il assure qu'il y avait plusieurs tueurs, sans lien entre eux. Et que la lettre et ses petites sœurs ont en réalité été rédigées par des journalistes du *Star*, jeune quotidien de quelques mois, avides de relancer une affaire qui commençait à s'essouffler un peu trop à leur goût. Avec en vedette, un tueur invisible et terrifiant, une histoire pour faire peur et tenir en haleine les lecteurs. Cook soumet même la lettre à une comparaison graphologique avec certains courriers des journalistes incriminés. Thomas Bulling, l'un des collaborateurs du Central News Office, serait probablement l'auteur des lettres, désireux d'associer le nom de son entreprise à un criminel amené, l'espère-t-il, à devenir célèbre.

L'auteure française Sophie Herfort revient, elle, sur le travail de l'inspecteur Melville L. Macnaghten. Dès 1899, après la série de meurtres, ce chef du département des affaires criminelles reprend toute l'enquête et arrive à la conclusion que le criminel est un avocat, Montague John Druitt, qui, pris de remords ou sur le point de se faire attraper, se suicide dans la Tamise. Dans son rapport, pourtant truffé d'erreurs factuelles, Macnaghten dit avoir étudié les différentes preuves. Parmi lesquelles la lettre *Dear Boss.* Cette même lettre qui s'est volatilisée des archives de Scotland Yard avant 1928, pour se retrouver entre les mains de Gerald Donner jusqu'à sa mort en 1968, puis de disparaître à nouveau, jusqu'à l'envoi anonyme à Scotland Yard en novembre 1987. Petit point généalogique, Gerald Donner était le petit-fils de l'inspecteur Macnaghten. Pour Sophie Herfort, Melville L. Macnaghten n'est autre que Jack l'Éventreur lui-même. Une nouvelle théorie aux indices peu concluants, largement remise en cause elle aussi.

Autant de pistes et de théories pour un seul tueur… Certains auteurs dénombrent plus de trois cents coupables potentiels. Si le meurtrier, et ses victimes, étaient bien réels, Jack l'Éventreur n'est probablement qu'une belle invention, la trouvaille d'un personnage terrifiant dont on aime avoir peur.

Quel qu'en soit l'auteur, quelle qu'en soit sa véracité, la lettre *Dear boss* a construit le mythe de l'éventreur des bas-fonds londoniens en lui donnant la seule preuve de sa prétendue existence. Conservée par les Archives nationales de Kew, à l'ouest de Londres, elle est classée parmi plus de deux cents autres missives, et presque autant d'écritures différentes. Passée des bas-fonds de Whitechapel aux honneurs des documents ayant forgé la légende du pays.

Les Twin Towers

Fresh Kills - Staten Island - New York
Septembre 2001

Comment le plus grand parc de New York se transforme en cimetière verdoyant des tours du World Trade Center ?

Le 22 mars 2001 est une grande victoire pour les habitants de Staten Island, à New York. Si la vue sur la baie et Manhattan, au nord, est superbe, celle sur Fresh Kills, au sud, laisse clairement à désirer. Ouverte en 1948, pour une période initiale de cinq ans, cette décharge, qui n'a cessé de s'étaler pour devenir la plus grande du monde, est définitivement fermée. Les habitants de l'arrondissement ne supportaient plus d'être la poubelle de la ville, recevant jusqu'à 29 000 tonnes de déchets quotidiens, déposés par camions et par barges. Une montagne de plusieurs mètres de hauteur, disputée par les rats, les mouettes et les chiens errants, dégageant une puanteur permanente à des kilomètres à la ronde. Sans parler des substances cancérogènes comme le chloroforme, le benzène et le chlorure de vinyle saturant l'air, multipliant les cas avérés de cancers dans le voisinage. Il était grand temps que tout cela prenne fin.

Le 11 septembre 2001 est une tragédie pour les États-Unis. Quatre avions détournés mettent à genoux le pays le plus puissant du monde. L'un s'écrase dans la campagne de Pennsylvanie, le deuxième sur le Pentagone à Washington, quand les deux derniers viennent percuter de plein fouet les tours jumelles du World Trade Center de New York. Les deux buildings fumants s'affichent sur les téléviseurs du monde entier, avant de s'effondrer chacun leur tour dans une tempête de poussière et de décombres. Des tonnes de béton, d'acier, de verre, de marbre jonchent les rues du Lower Manhattan. Les deux principaux bâtiments du quartier d'affaires, symboles de la puissante économie américaine, sont à terre, en morceaux. L'attaque terroriste signe le début d'un nouveau millénaire.

Décidé en 1958, le centre d'affaires The World Trade Center est dessiné par l'architecte Minoru Yamasaki et est inauguré le 4 avril 1973. Ses deux bâtiments principaux, hauts de 417 et 415 mètres, baptisés les « Twin Towers », dominent la ville et redessinent la *skyline*. Durant près de trente ans, tout autant que la statue de la Liberté et le Brooklyn Bridge, les tours jumelles et leurs cent dix étages de verre et d'acier gris s'imposent et symbolisent New York, apparaissant dans des milliers de films, séries télévisées, documentaires et publicités. Deux immenses objets, identifiables par tous.

Six mois après sa fermeture, et seulement seize heures après l'effondrement de la tour sud, la décharge de Fresh Kills rouvre malgré elle, sous le ballet des camions chargés de débris fumants. Ils vont déverser sur la zone ouest un morceau d'histoire du XXe siècle qui vient de s'achever. Soit tout ce que les engins déblaient des ruines des six bâtiments détruits saturant les rues voisines du World Trade Center : 1 million de tonnes de béton, 200 000 tonnes d'acier, des segments entiers de la structure des bâtiments, des pièces plus ou moins imposantes des deux Boeing, des carcasses de voitures et d'ambulances ensevelies sous les décombres, des camions de pompiers réduits en une bouillie métallique… La décharge devient une immense scène de crime, où travaillent un millier de personnes. Là, sous des tentes en plastique, des agents du FBI font défiler sur des convoyeurs les millions de gravats pour y retrouver tout ce qu'il est possible d'identifier : ordinateurs, serveurs informatiques, imprimantes, téléphones, documents, détecteurs de fumées, drapeaux, armes à feu, vêtements, chaussures, montres, clefs, bijoux, cartes de crédits et d'identité… et restes humains, numérotés, conservés dans des chambres froides.

Après dix mois d'un labeur morbide et difficile et l'identification de seulement trois cents personnes sur les plus de deux mille sept cents disparues lors de l'attaque, Fresh Kills ferme une seconde et dernière fois en juillet 2002. Cette large parcelle va désormais connaître le même sort que les trois autres qui composent les 900 hectares de la décharge. Devenir un immense parc vert où viennent déjà, par endroits, se balader les New-Yorkais et nicher les oiseaux. Un emblème du renouveau écologique où les énergies renouvelables et la nature ont toute leur place, comme une revanche sur « l'erreur humaine ».

Dessous, ce sont cinquante ans de poubelles qui se décomposent lentement, laissant encore échapper 40 000 mètres cubes de méthane par jour, récupérés et capables de chauffer plus de vingt mille foyers.

Les tonnes de débris du World Trade Center, riches en produits nocifs et pour certains radioactifs, reçoivent un traitement de faveur. Ils sont ensevelis sous une multitude de couches de terre hautes de 1 à 4 mètres, créant une zone tampon, enfouis sous des films de protection, des géomembranes, et un tapis antiérosion, et sont surveillés grâce à deux cents puits de contrôle. Comme un épais voile isolant, Fresh Kills Park, qui sera définitivement achevé en 2036, vient panser ce qui restera, avec l'attaque de Pearl Harbor en 1941, comme la plus grande plaie de l'histoire américaine. Un cimetière du XXe siècle.

La main de Pangboche

Monastère de Pangboche - Khumjung
Népal - 1959

Comment l'acteur hollywoodien James Stewart s'est retrouvé mêlé au vol d'une relique d'un yéti dans un monastère népalais ?

Voilà deux ans que la nouvelle a piqué la curiosité de nombreux chercheurs et attiré la convoitise de plusieurs collectionneurs. Une expédition, menée par le producteur de pétrole et aventurier Tom Slick, a découvert début 1957, au fin fond du Népal dans le monastère bouddhiste de Pangboche, le scalp et une main d'un homme des neiges. Une preuve irréfutable de l'existence du yéti, cet animal jusque-là inconnu des scientifiques occidentaux, confirmée par les tout premiers clichés photographiques des artefacts. Slick épate la galerie et convainc. Après tout, c'est grâce à lui que les Américains connaissent désormais l'histoire du monstre du loch Ness et de Big foot. Monsieur connaît son sujet.

La légende est née il y a des siècles lorsque le lama Sangwa Dorje, alors qu'il méditait dans une grotte, s'est retrouvé nez à nez avec un yéti. Ce dernier développa une telle admiration pour le moine qu'il lui apporta de quoi se sustenter, jusqu'à devenir son disciple… À sa mort, Sangwa Dorje a scalpé son cuir chevelu et sa main et les a installés dans son monastère, telles des reliques sacrées, sources de fertilité pour les villageois.

En 1959, Slick est bien décidé à rapporter en Occident cette main et ce scalp afin qu'ils soient étudiés et exposés au public. Il demande à l'un des membres de son équipe, Peter C.Byrne, de négocier avec les moines puis de remettre l'objet à l'un de ses amis, en vacances dans l'Inde voisine. Tel un Indiana Jones avant l'heure, persuadé de la beauté de sa mission et de son bon droit, le cryptozoologiste et explorateur se rend à Pangboche avec dans ses bagages un petit sac en papier brun, fourni par le primatologue William C. Hill. Au temple, Byrne découvre cette main aux doigts crochus, plus grande qu'une main humaine moyenne, recouverte d'une croûte noire et huileuse en raison des lampes à huile présentes dans le temple.

Sa demande essuie d'abord un refus. Mais comme il lui est impossible de repartir les mains vides, il propose aux moines 10 000 roupies pour n'emporter avec lui qu'un seul doigt, moines qui finissent par accepter. Byrne prélève un doigt long de 9 centimètres, puis sort de son petit sac en papier brun un vieux doigt humain desséché fourni par Hill et l'installe sur la main.

Pour éviter tout problème avec les autorités népalaises, qui viennent d'interdire l'abattage d'un yéti par un étranger sous peine de prison, Byrne traverse la frontière indienne à pied. Il se rend directement à Calcutta, au Grand Hôtel, pour un passage de relais. L'acteur James Stewart et son épouse Gloria séjournent pour quelques jours dans la ville la plus peuplée du pays. La star d'Hollywood est un ami personnel de Slick et il est prêt à lui rendre ce service risqué. Même si personne n'osera fouiller les bagages de James Stewart, incarnation de la droiture. Encore moins la trousse à lingerie de madame. L'affaire est entendue, les ossements sont dissimulés dans la valise de Gloria et le couple quitte l'Inde sans encombre pour se rendre à Londres.

Le trésor est remis au primatologue William C. Hill pour qui, cela ne fait aucun doute, les ossements appartiennent à la famille des grands singes. De quoi confirmer l'existence des yétis et alimenter des centaines d'ouvrages et émissions de télévision sur le sujet. Jusqu'à ce qu'une analyse écossaise de 2011, menée par le docteur Rob Ogden, titulaire de la chaire des sciences de la conservation à l'université d'Édimbourg et spécialiste de la génétique, ne vienne mettre à mal la théorie. Le test ADN révèle une « correspondance très forte avec un certain nombre de séquences de référence existantes dans les bases de données d'ADN humain ».

Entre-temps, la publicité autour du monastère a attiré des gens peu scrupuleux. La main de Pangboche et le scalp ont été dérobés durant les années 1990 et revendus à un collectionneur privé. Entraînant le désarroi des moines népalais et la raréfaction des touristes.

Émus par leur situation, des chercheurs néo-zélandais ont alors fait appel à Weta Workshop. Spécialiste d'effets spéciaux destinés au cinéma, reconnue pour son travail sur la trilogie de films *Le Seigneur des anneaux*, la société a réalisé une réplique plus vraie que nature des deux reliques. Une fausse main de yéti recréée de toutes pièces par la main de l'homme, donnant l'illusion du vrai. L'objet créé assurant ainsi le retour des touristes et la santé financière du monastère. Quant aux moines, ils ne seraient pas contre le retour du doigt prélevé par Byrne en 1959. À ce jour, il dort dans les réserves du Hunterian museum royal College of surgeons de Londres.

La porte Pig de Sharon Tate

10050 Cielo Drive - Los Angeles
États-Unis - 1969

Comment le cottage de style normand de Michèle Morgan est devenu le théâtre d'un des crimes les plus sanglants de l'histoire américaine ?

Après trois ans de travaux, un hectare d'une France champêtre a poussé sur les hauteurs de Santa Monica, à Los Angeles. En son sein, une magnifique demeure et sa maison d'hôtes, dessinées par Arthur W. Hawes, auxquelles s'ajoutent à la demande de la comédienne Michèle Morgan, première propriétaire, une piscine entourée de rochers, un puits, des cerisiers et plusieurs pins. Celle qui a fait chavirer le cœur de Jean Gabin et des Français dans *Le Quai des brumes* grâce à ses beaux yeux, a depuis séduit l'acteur William Marshall et les studios hollywoodiens.

En 1944, la maison de pierres de 300 mètres carrés est décorée avec goût et gardée par une jolie porte d'entrée blanche de style cottage. Sur sa partie supérieure, neuf carreaux en verre laissent entrer la lumière et surmontent une partie en bois plein. Entre les deux, un rebord central, une serrure dorée et une poignée en laiton.

Avant que trois lettres ne viennent souiller cette porte blanche vingt-cinq ans plus tard, une longue liste de résidents a suivi le retour de Michèle Morgan en France : Cary Grant, Henry Fonda, George Chakiris, Lilian Gish… Celle des visiteurs l'est tout autant : les Beatles, Jimmy Hendrix, Diana Ross, Kirk Douglas, les Beach Boys… L'agent des stars Rudolph Altobelli l'acquiert puis la loue au couple Candice Bergen et Terry Melcher. C'est en 1968 que l'actrice et le producteur de musique reçoivent un apprenti chanteur, fan des Beatles, Charles Manson. Mais ce dirigeant d'une communauté hippie se sent humilié par le refus du musicien de lui produire son album. C'est le point de départ de ce qui allait devenir l'un des crimes les plus abominables et célèbres de l'Amérique. Manson, qui assure que bientôt les Noirs auront remplacé les Blancs, encourage ses disciples à aller commettre une série de meurtres dans les beaux quartiers. Il suffira alors de faire accuser la communauté noire. Le crime parfait dans la tête de celui qui allait devenir l'un des grands criminels du pays.

Qui mieux que Bergen et Melcher comme premières victimes… Sauf qu'ils ont quitté les lieux en janvier 1969. Manson s'en est assuré en visitant, sans y être invité, la propriété à deux reprises. Il y a d'ailleurs rencontré Sharon Tate… Mais qu'importe, cela ne change rien au plan. Dans la nuit du 8 au 9 août 1969, Manson envoie trois de ses disciples massacrer les nouveaux locataires à la notoriété grandissante : le réalisateur Roman Polanski et l'actrice Sharon Tate.

Si le cinéaste travaille en réalité à Londres depuis un bon moment, et que Steve McQueen et Quincy Jones font faux bond au dîner prévu, Sharon Tate passe la soirée avec des amis : son ex-amant Jay Sebring, Steven Parent, Abigail Folger et son petit ami Wojciech Frykowski. Personne n'est épargné, pas même Sharon, enceinte de huit mois et demi. Tous sont sauvagement assassinés à coups de couteau et de revolver. Leur sang est utilisé pour écrire *Death to pigs* (*mort aux porcs*) sur le mur du salon et *pig* sur la porte blanche de la maison. À son retour d'Angleterre, en pantalon noir, tee-shirt et mocassins blancs, Polanski ne peut que constater l'horreur. Et le sang, preuve macabre s'il en fallait une, que son épouse et ses amis ne sont plus.

L'affaire fait grand bruit. Dès lors, la panique s'empare de Los Angeles. Des fous sont prêts à venir massacrer les habitants chez eux. D'autant qu'un autre forfait est commis le lendemain par la secte de Manson. Polanski quitte définitivement le lieu du crime. L'agent Rudolph Altobelli réinvestit la maison et l'occupe pendant vingt ans. Puis la vend en 1988 pour 1,6 million de dollars.

Quatre ans plus tard, le chanteur du groupe de métal Nine Inch Nails, Trent Reznor, s'y installe pour y enregistrer son deuxième album. Là, dans le salon où ont eu lieu les meurtres. Il nomme le studio d'enregistrement qu'il installe, *The Pig*. Mais Reznor renonce au 10050 Cielo Drive peu avant Noël 1993. La rencontre avec Debra Tate, la sœur de Sharon, l'a tellement bousculé qu'il s'est senti coupable de complicité et incapable d'y rester plus longtemps.

Si le drame n'a pas été effacé de la mémoire collective, la propriété, elle, a tout simplement été rayée de la carte. En 1994, la maison est rasée et une immense demeure de 2000 mètres carrés y prend place. Comme pour éclipser l'horreur. Il ne reste rien de la maison de Michèle Morgan. Rien, de la maison, de la piscine, du jardin, de la boîte aux lettres rouge indiquant le 10050 Cielo Drive. Même l'adresse a été légèrement modifiée. Rien, sauf un pin, encore debout dans le jardin. Et la fameuse porte blanche. En quittant la maison normande, Reznor l'a dégondée, emportée et installée à l'entrée de ses Nothing Studios de La Nouvelle-Orléans, en Louisiane. Jusqu'à leur fermeture et sa vente aux enchères. Après une quarantaine d'offres, le lot 1029 est vendu par la maison Julien's Auctions pour 127000 dollars à l'automne 2023. Après cette litanie de noms célèbres, l'acheteur de la célèbre porte blanche a souhaité rester anonyme.

Le tableau des Beatles

Hôtel Hilton - Tokyo - Juin 1966

Comment les menaces de nationalistes japonais ont donné naissance à l'unique œuvre picturale du groupe anglais ?

La nuit est douce et l'ambiance dans la suite présidentielle, feutrée. Au centre de la grande table, une lampe à l'imposant pied rond noir et à l'abat-jour blanc éclaire suffisamment une immense feuille plus tout à fait vierge, entourée de plusieurs verres remplis de couleurs inhabituelles et peu engageantes. Y sont assis John Lennon, Paul McCartney, George Harrison et Ringo Starr. Détendus et concentrés, les quatre musiciens sont consignés dans cette prison dorée, comme punis. Ils en profitent pour entamer une nouvelle création. Pas une chanson, encore moins un album, mais leur premier et unique tableau.

De l'immense capitale de onze millions d'habitants, les Beatles ne verront que trois lieux : l'aéroport Haneda, l'hôtel Hilton et le Nippon budōkan. Deuxième étape de leur tournée de 1966 après l'Allemagne de l'Ouest et avant les Philippines, Tokyo reçoit les *Fab Four* dans une hystérie contagieuse. Les fans trépignent pour assister à l'un des cinq concerts qui doivent être donnés entre le 30 juin et le 2 juillet dans le Nippon budōkan, situé à quelques encablures du palais impérial et du Yasukuni-jinja, un sanctuaire commémorant la mémoire des Japonais ayant donné leur vie pour l'empereur. Un quartier hautement symbolique et sacré.

Une bonne raison pour les nationalistes japonais de manifester leur mécontentement face à cette première prestation d'un groupe de rock, qui plus est occidental, dans cette salle habituellement dévolue aux arts martiaux et inaugurée deux ans plus tôt lors des jeux Olympiques de 1964. Une sorte de temple que viennent souiller ces quatre énergumènes. Une tension qui s'ajoute à celle déjà bien forte exercée par les fans et surtout par celle d'une lettre de menace de mort reçue par George Harrison lors du concert donné à Hambourg voilà quelques jours : « Tu ne passeras pas le mois qui vient. »

Décision est alors prise par les autorités locales de sécuriser au maximum le séjour des Beatles. Tout est régenté à la minute près. Chaque départ de la chambre d'hôtel est fixé à 19 h 14 précises pour s'assurer qu'ils soient dans l'ascenseur durant la minute suivante. Les fans sont parqués à chaque coin des rues qui mènent à la salle de concert. Et tous les déplacements sont limités au strict minimum. Pas moins de trente-cinq mille policiers sont mobilisés. Une folie qui confine les quatre dieux vivants à l'hôtel.

Sur les cent heures passées à Tokyo, seuls deux moments échappent au cadre rigide imposé. John visite un marché dans les rues voisines et achète quelques souvenirs après avoir emprunté le badge d'un photographe pour passer incognito. Paul est parti en courant pour apercevoir le palais impérial, avant de se faire rattraper par une meute de policiers pour l'escorter.

Alors, au dernier étage du Hilton, dans la suite 1005, les Beatles s'ennuient. Toutes les chambres voisines sont occupées par des policiers. Leur manager, Brian Epstein, décide d'occuper ces grands enfants, parfois turbulents. Il tire profit de l'un des nombreux cadeaux reçus par les chanteurs : un ensemble de peinture. Ses protégés vont alors réaliser un tableau commun.

Sur une feuille rectangulaire de papier japonais de 102 centimètres sur 76, chacun se met à colorer, à l'aide de pinceaux au manche en bois, de peinture acrylique et d'aquarelle, l'un des quatre angles pour remonter progressivement vers le centre de la feuille où le pied de la lampe qui les éclaire laisse en son centre un cercle inatteignable. Sujet libre.

Les volutes de fumée s'échappent au-dessus de la toile dans un silence apaisant. Le vermillon s'installe comme la couleur principale de fond, puis chacun s'adonne à son style : courbes et couleurs, formes incongrues, masses et petites taches… Il est temps d'aller dormir. Le lendemain soir, après leur nouveau concert réussi, les Beatles n'ont qu'une hâte, retourner à l'hôtel et terminer leur toile.

En haut à gauche, Lennon privilégie les formes arrondies et les demi-cercles. Juste en dessous, Ringo semble reproduire un visage façon Picasso, le plus figuratif des quatre ; quand, à côté, George déborde largement de son espace dans un amas torturé de formes parfois anguleuses et plus sombres. En haut à droite, Paul, sur un fond noir, multiplie les minuscules points sur des courbes de couleurs vives. Tel un test de Rorschach, un journaliste y verra vingt ans plus tard un sexe féminin et donnera ainsi son nom à ce tableau sans titre : *Images of a Woman.*

Une fois leur création terminée, la lampe au gros pied noir est retirée, laissant un espace circulaire vide, comme le centre d'un vinyle, sur lequel chacun appose sa signature en face de sa création. Une œuvre d'art unique est née. « Un tourbillon psychédélique de gribouillages colorés », dira plus tard Paul McCartney. Elle est remise à Tetsusaburo Shimoyama, à la tête du fan-club japonais du groupe, reçu dans la suite par les quatre artistes.

À sa mort en 1989, sa femme revend le tableau à un collectionneur japonais, Takao Nishino, qui l'expose dans son salon jusqu'en 2012. Le tableau est alors vendu aux enchères pour 155 250 dollars par Philip Weiss Auctions. Une belle somme, mais loin d'atteindre celle de la vente réalisée par Christie's à New York en février 2024. Estimé entre 400 000 et 600 000 dollars, *Images of a Woman* est finalement vendu 1,74 million de dollars ! Peut-être à un amateur de peinture. Et sans doute à un grand fan des Beatles. *Let it be!*

130

La Porsche de James Dean

Cholame - Route 466 - Californie
30 septembre 1955

Comment la voiture dans laquelle le jeune acteur a trouvé la mort s'est changée en objet de culte macabre et en tueuse en série ?

Le jour décline, le soleil frôle l'horizon, la lumière se fait plus diffuse. Le jeune ingénieur électricien est distrait par son autoradio quand il s'engage à gauche pour rejoindre la route 41. Il devine alors au loin un véhicule si bas, si gris qu'il glisse à ras du sol et se confond avec le bitume et le ciel. Pas si loin peut-être… Donald Turnupseed est en train de griller la priorité à cette voiture qui lui fonce dessus. Il accélère, s'immobilise, redémarre, hésite… Le voilà en plein milieu de la route, le conducteur va le voir, forcément, et réagir. Mais la collision entre la grosse berline Ford Tudor noir et blanc et la délicate Porsche Spyder 550 couleur argent de 640 kilos à peine est inévitable. Elle qui ne dépasse pourtant pas les 90 km/h percute violemment l'avant de l'énorme cible métallique, s'abîme sous le choc et s'envole dans le fossé. Le passager est éjecté, le conducteur a les pieds écrasés sous les pédales, le thorax enfoncé et la nuque brisée. Au volant, une étoile tout aussi montante que filante. Vendredi 30 septembre 1955, peu avant 18 heures, James Dean meurt. Et sa légende naît. « Le héros des mythologies », selon les mots d'Edgar Morin*, entre dans l'histoire.

« Petit Bâtard ». C'est ainsi que le jeune acteur de 24 ans, trois films au compteur dont un seul sorti sur les écrans, surnomme la Porsche qu'il vient d'acquérir le 22 septembre. Une semaine avant l'accident. C'est sur les conseils de son mécanicien qu'il achète cette quatre cylindres à la carrosserie en aluminium, dépourvue de pare-chocs, pour 6 900 dollars. De quoi faire des étincelles sur les circuits automobiles qu'il compte bien conquérir. La pellicule ne lui suffit pas, Jimmy veut aussi marquer l'asphalte.

Il demande à George Barris d'utiliser ses talents pour lui peindre le nombre 130 sur le capot avant et les portières et « Little Bastard » sur l'arrière de la carrosserie. De quoi frimer un peu et narguer ceux qu'il sèmera. Fabriquée à seulement quatre-vingt-dix exemplaires, la Spyder divertit ses amis autant qu'elle leur fait peur. Le comédien Alec Guinness lui demande de ne plus la conduire, « ou tu seras mort la semaine prochaine ». Ertha Kitt accompagne Jimmy lors d'une de ses dernières soirées pour aller chercher des disques chez lui. La chanteuse et danseuse est mal à l'aise dans cette ferraille : « Je n'aime pas cette voiture, elle va te tuer… » Jimmy s'en amuse.

---

* *Les Stars*, Edgar Morin – Chapitre 2 : Les stars du temps – Le tournant : James Dean – Essai aux Éditions du Seuil

À l'annonce de sa mort, c'est la surprise à Hollywood, où le jeune acteur a déjà séduit le métier. Les professionnels et les amis sont sous le choc. Dans le reste du pays, il en va de même. Les filles insoumises et les garçons en fleurs pleurent une idole à peine née. Jimmy bouscule les codes, lui, le rebelle de *La Fureur de vivre* qui incarne l'adolescent oppressé par les adultes et les injonctions d'une Amérique corsetée. Le film est un triomphe, tout comme *Géant*, dont le tournage venait de s'achever quelques jours avant le drame.

Un engouement qui fait monter la cote de l'acteur. Si la compagnie d'assurances déclare la voiture comme perdue, un médecin de Burbank, Bill Eschrich, l'achète au service des épaves de la route pour 1 000 dollars. Le moteur l'intéresse et il compte bien le remonter sur sa Lotus IX. En attendant, faute de place, il laisse la carcasse devant son garage. Ce qui a vite fait d'attirer les curieux du quartier, puis de toute la région. À tel point qu'Eschrich songe à l'exposer et à en tirer profit. La loi ne le lui interdit pas. Pourtant le procureur général le lui déconseille par respect pour la famille de Jimmy.

Avec son ami Troy McHenry, à qui il prête l'essieu de transmission de la Spyder, le duo de médecins participe à une compétition à Pomona. Tous deux ont un grave accident. Eschrich fait une embardée et finit paralysé. McHenry percute un arbre et meurt sur le coup.

George Barris y voit pourtant un bon filon. Le publicitaire rachète l'épave pour 2 500 dollars et installe ce qu'il en reste dans un stand sur Ventura Boulevard. Deux options s'offrent aux visiteurs : 35 cents pour admirer le bolide, 70 cents pour s'asseoir à la place de James Dean et caresser le volant d'ivoire. Le premier jour, le 25 décembre 1955, ce ne sont pas moins de deux mille huit cents personnes qui patientent. Six mois plus tard, près de huit cent mille tickets ont été vendus.

Puisque Jimmy avait réalisé un clip pour la sécurité routière quelques jours avant sa mort, exhortant les jeunes à être prudents sur la route, la *California safety highway patrol* demande à Barris de prêter l'épave pour montrer les dangers de la vitesse lors d'une exposition itinérante. La voiture fait la tournée des salons auto, des bowlings et des cinémas de plein air. Légèrement surélevée, comme pour mieux admirer le désolant spectacle, la voiture est offerte aux yeux des fans éplorés. Un panneau sur lequel est écrit « Cet accident aurait pu être évité » appuie le message de prévention. Certains en profitent pour arracher un bout d'aluminium de la carrosserie touchée par leur idole.

Un jour de mars 1959, un incendie ravage une partie d'un entrepôt de Fresno dans lequel Little Bastard est entreposé. Plusieurs véhicules finissent calcinés. La Spyder s'en sort presque indemne, avec deux pneus fondus et un peu de peinture écaillée par les flammes.

De nombreuses autres histoires s'ajoutent à celles-ci sans qu'elles n'aient jamais pu être réellement vérifiées. La Porsche se serait détachée de la plateforme du camion qui la transportait et aurait écrasé le chauffeur. Plus tard, elle serait tombée sur un adolescent qui meurt sur le coup ; aurait glissé d'un podium broyant les jambes d'un jeune homme ici ou brisé la hanche d'un passant là. La voiture est maudite, il ne peut en être autrement.

D'ailleurs, certains sont persuadés que c'est Maila Nurmi, adepte des sciences occultes et incarnation de Vampira à l'écran, qui, éconduite par Jimmy alors qu'il bichonnait son petit bolide, lui aurait jeté un sort. D'autres, que George Barris a lui-même nourri la légende macabre pour entretenir le mythe et son business.

Il décide pourtant de s'en séparer en 1960. La Spyder 550 est chargée dans un camion à Miami pour rentrer à Los Angeles. À son arrivée, malgré les scellés intacts, la Porsche a mystérieusement disparu ! La chasse au trésor est lancée. Plusieurs pistes sont explorées, sans succès. Le Volo Auto museum, dans l'Illinois, propose alors en 2005, 1 million de dollars à quiconque apporterait la moindre information valable sur sa localisation et les droits de propriété du véhicule. Une sacrée somme assumée par ce musée, détenteur de multiples véhicules qui ont marqué l'histoire populaire, comme la Ford de « Bonnie and Clyde », la Cadillac d'Elvis Presley et celle de Donald Trump, l'ambulance de *Ghostbusters*, la Renault type CB Coupé de Ville qui voit l'étreinte de Jack et Rose dans *Titanic*, etc.

Dix ans plus tard, un homme assure que son père a dérobé la Porsche et l'a camouflée derrière le faux mur d'un bâtiment du comté de Whatcom, au nord-ouest de l'État de Washington. Les détails donnés semblent étayés, mais aucun accord n'est trouvé entre les deux parties et l'affaire semble en être restée là. Au point mort.

Le traité de Versailles

Château de Versailles 1919
Château de Rochecotte - Août 1940

Comment une simple erreur a permis à l'Allemagne nazie de prendre sa revanche sur l'humiliation subie par le traité de paix de la Première Guerre mondiale ?

Vite, aux abris ! Un premier train de neuf wagons lourdement chargés quitte Paris pour la Touraine en ce début septembre 1939. À son bord, des milliers de documents jugés sensibles par le ministère des Affaires étrangères et devant être protégés des possibles bombardements attendus sur la capitale. Parmi eux, relié de cuir, le traité de Versailles signé entre les Alliés et l'Allemagne, vingt et un ans plus tôt.

Le 28 juin 1919, la galerie des Glaces du château de Versailles était pleine à craquer. Dans cette réunion historique, les mines réjouies des Alliés victorieux affrontaient celles défaites des Allemands vaincus. À 15 h 55, le document officiel de quatre cent trente-six pages et quatre cent quarante articles était signé par les quarante-quatre plénipotentiaires, relié par un ruban et des sceaux de cire rouges. Georges Clemenceau pour la France, Woodrow Wilson pour les États-Unis, Lloyd George pour la Grande-Bretagne et Vittorio Orlando pour l'Italie comptent parmi les plus prestigieux.

Ce traité de paix définissait l'Allemagne comme la seule responsable de la Première Guerre mondiale. Si la Grande-Bretagne souhaitait qu'elle conserve néanmoins son rang de grande puissance, Clemenceau tenait absolument à écarter tout danger et à humilier l'ennemi.

Une exigence plus que difficile à accepter pour les Allemands et qui s'ajoutait à une liste d'autres demandes, largement portées par la France, tout aussi considérables. L'Allemagne perdit 68 000 km^2 de son territoire, dont une partie de la Prusse orientale au profit de la Pologne, et l'Alsace et la Lorraine à celui de la France. Contraint de verser 20 milliards de marks or, le pays perdit aussi une large partie de ses colonies et de ses productions agricole et minière. Une humiliation, un « diktat » que n'ont pas supporté de nombreux Allemands, dont le caporal Adolf Hitler. Le traité mit l'Allemagne à genoux et nourrit déjà le terreau d'une prochaine guerre, qui sera aussi celle de la revanche.

Désignée comme dépositaire du traité de Versailles, ainsi que de l'exemplaire de la ratification allemande, la France a ainsi la charge de sa conservation et de la garantie de la validité des pièces.

Le 9 septembre 1939, le traité est rangé dans une layette en bois au rez-de-chaussée de la fondation Girollet, l'une des dépendances du château de Rochecotte réaménagées pour l'occasion, non loin de Tours. Là, le traité est à l'abri de tout risque de destruction. Seuls ennemis, et pas des moindres, les rats et l'humidité.

Jusqu'à ce que Tours ne devienne pour trois jours, en juin 1940, la capitale française. L'invasion allemande surprend par sa force et sa rapidité. Très vite, un repli vers Bordeaux est envisagé. Pour sa valeur hautement symbolique, le traité de Versailles peut devenir une proie facile pour les nazis et doit quitter le château. Il est recherché au rez-de-chaussée de la fondation et retrouvé sans mal par les archivistes. Le document de 1919, haut de 30 centimètres et large de 20, habillé de son cuir marron et signé par le président et le chancelier allemands, est emballé et arrive à Bordeaux le 17 juin 1940 au soir. Il est remis au premier secrétaire de l'ambassade des États-Unis qui doit le mettre à l'abri au sein de l'ambassade de France, à Washington. Loin de toute menace. Mission accomplie.

Seulement, la visite du lieutenant-colonel von Kenschitzki en juillet de la même année marque le début d'un recensement précis des archives françaises entreposées dans les demeures de la région. Un enjeu d'envergure pour Hitler et dans le même temps une sérieuse déconvenue qui s'annonce pour la France.

Le 9 août, deux enquêteurs militaires allemands et Karl Epting demandent à voir la salle des traités et le document qui a signé la défaite de l'Allemagne. Le fonctionnaire allemand est chargé de tracer et spolier archives et œuvres culturelles jugées importantes. Les archivistes français s'exécutent avec l'assurance que les limiers allemands feront chou blanc.

Si ces derniers sont vite déçus par l'absence du précieux document, déplacé deux mois auparavant, Epting et ses hommes font poursuivre les fouilles au premier étage de la fondation Girollet. Contre toute attente, dans l'une des boîtes en bois reposent, tel un Graal, les quatre cent trente-six pages de la honte, reliées par une couverture de cuir… blanc. La surprise est totale pour les Français présents, ignorant le déplacement du document au premier étage pour fuir l'humidité. Ils s'enquièrent alors auprès de l'ambassade à Washington de la nature du document expédié et sauvegardé à l'autre bout de l'Atlantique. Est-il relié par du cuir marron ou blanc ? La réponse est sans appel, le document présent aux États-Unis, moins épais, est en cuir marron.

Dans la précipitation, les archivistes ont déniché et envoyé l'exemplaire de la ratification allemande, seulement signé par les nazis. Un document important certes, mais bien loin d'égaler l'exemplaire original ratifié par toutes les parties. Epting jubile. Abetz, ambassadeur du IIIe Reich à Paris, est prévenu. Bientôt, le ministre des Affaires étrangères Ribbentrop et le Führer aussi. La prise de guerre est belle, l'humiliation de la fin de la Première Guerre mondiale et des conditions exigées par les pays alliés est lavée.

Le traité de Versailles est d'abord photographié, puis tout simplement dérobé la nuit venue. Il est rapatrié à

Paris, sans que les Français n'en sachent rien, puis apporté à Berlin, pour terminer son évasion dans le coffre-fort de Ribbentrop. Une maison de production fait une demande d'emprunt pour un film de propagande. Accès refusé, le bien est trop précieux.

Dès lors, le document qui a forgé la paix et entraîné la création de la Société des Nations semble disparaître. Des recherches ont lieu dans l'immédiate après-guerre (notamment par la conservatrice du musée du Jeu de paume à Paris et résistante, Rose Valland), et jusqu'à la fin des années 1950.

Peut-être a-t-il été conservé par des anonymes, tenant entre leurs mains un morceau d'histoire unique. Peut-être que les troupes soviétiques, les premières à entrer dans Berlin, ont récupéré et conservé le traité dans leurs propres archives. Bien que de nombreux documents aient été restitués aux autorités françaises. La piste de la réapparition du traité de Versailles est possible, mais ténue.

Pour les historiens, la destruction pure et simple du traité reste en réalité l'hypothèse la plus probable à ce jour. Comme si Hitler et ses sbires comptaient effacer cet événement outrageant. Dans la revue *Guerres mondiales et conflits contemporains*, l'historien Vincent Laniol explique : « Versailles n'aurait jamais dû exister selon Hitler, dès lors la destruction du traité devait "corriger" l'Histoire. »

Du document originel, il ne reste que les quelques photographies, ainsi qu'une épreuve avant impression, signée par plusieurs représentants et conservée par les archives diplomatiques du Quai d'Orsay. Qu'on se rassure ; bousculée, parfois ignorée puis redécouverte, l'histoire ne peut être effacée. Même en l'absence de l'objet qui en fut le témoin principal.

Le hangar des usines Lumière

21-23, chemin Saint-Victor – Rue du Premier-Film – Quartier Monplaisir – Lyon

Comment les bulldozers ont miraculeusement épargné de la destruction un hangar centenaire, en apparence sans grand intérêt ?

Votre mission, si toutefois vous l'acceptez, sera de créer un musée du cinéma. Le chirurgien-dentiste, grand collectionneur d'objets de films, Paul Génard, accepte cette charge. En 1964, il propose au maire de Lyon, Louis Pradel, de racheter pour un bon prix une partie des 30 000 mètres carrés des usines Lumière. Là où plus de neuf cents ouvrières et ouvriers ont fabriqué durant des décennies des millions de plaques photographiques sèches, surnommées « Étiquette bleue », mais aussi un « appareil servant à l'obtention à la vision des épreuves chronophotographiques », jeune ancêtre du cinématographe Lumière.

Le site, devenu vétuste et relativement coûteux, perd progressivement ses activités au profit d'une usine plus moderne, implantée à Saint-Priest. Génard conseille de ne conserver que la superbe demeure d'Antoine Lumière, le père des deux inventeurs du cinéma, une partie des bâtiments et le hangar avec son toit incliné qui les jouxte.

Au début des années 1970, le projet est enfin lancé. La villa d'Auguste et Louis, située à quelques dizaines de mètres de celle de leur père, est rasée et avec elle tout ce qui s'y trouve : le billard, l'orgue et un microscope. L'acheteur de la parcelle compte y bâtir en lieu et place un immeuble et une station-service.

Côté usine, les deux grandes cheminées de pierres et la trentaine de bâtiments aux toits à redents partiels, dits en « dents de scie », installés en quinconce, ne survivent pas non plus. Restent, comme convenu, la magnifique demeure du père, quelques bâtiments et le hangar. Tout est prêt.

Jusqu'à un matin de novembre 1984. Paul Génard reçoit un appel d'un chef de chantier qui lui demande où doit s'arrêter son travail de démolition de l'usine. Le collectionneur en reste bouche bée : « Quelle démolition, qui vous a donné cet ordre ?! Arrêtez tout ! Je file à la mairie. » Mairie où personne ne semble au courant de cette nouvelle destruction. L'hôtel de ville décline toute responsabilité et précise même que « la ville a déjà dépensé 200 000 francs pour consolider le hangar ». C'est en réalité Robert Batailly, le maire du VIIIe arrondissement de Lyon, qui en est à l'initiative. Celui qui avait inauguré l'Institut Lumière deux ans plus tôt veut nettoyer ce terrain « envahi d'immondices » et y proposer une zone de loisirs. Et assure que le hangar sera entouré d'une

« barrière transparente ». Une explication qui convainc peu et une décision jugée comme une profanation pour certains.

« Un sacrilège ! », tonne le cinéaste et président de l'Institut Lumière, Bertrand Tavernier. « Déplorable », déclare, écœuré, son directeur, Bernard Chardère. Si le chantier est stoppé net, il est déjà trop tard. L'usine et une partie du hangar ont disparu. Du hangar éventré, ne subsistent que deux pans de murs déchirés par les bulldozers et soutenus par quelques poteaux, un pignon, la charpente en bois et le versant du toit incliné autrefois adossé à un bâtiment. Comme un squelette tenant à peine sur ses guiboles, le vestige fait peine à voir. La presse s'en fait l'écho et certains professionnels du cinéma se mobilisent.

Mais pourquoi un tel battage pour un vieux hangar désaffecté au milieu d'un terrain vague ? Certes, les usines Lumière ont fait la richesse et la gloire non seulement des frères Lumière, mais aussi de Lyon et de l'industrie française. Mais le hangar n'a rien d'exceptionnel par son architecture, il ressemble à tant d'autres.

C'est que, près d'un siècle plus tôt, s'est joué là un morceau d'histoire. Le 19 mars 1895, sous la charpente en bois, un ballet anarchique s'opère. Les hommes à moustache et les femmes en robes noires et tabliers blancs sortent par dizaines, à droite, à gauche, par le grand portail de l'usine Lumière. Le chien du gardien gambade sur les pavés dans des allers-retours erratiques, avant d'être chassé par une voiture tirée par un cheval.

Une scène que l'on peut précisément décrire dans chaque détail. Car, à quelques mètres de là, depuis la fenêtre de la salle à manger de leur contremaître Vernier, Auguste et Louis Lumière font tourner de manière régulière la manivelle de leur nouvelle machine. Ils sont en train d'imprimer sur une bande de Celluloïd de 17 mètres de longueur, composée de deux perforations rondes par photogramme, le premier film de cinéma. Ils s'y prennent à trois fois et réalisent donc trois films, courts par leur durée, mais immenses par leur importance historique.

Le hangar s'installe comme le premier décor de cinéma, le premier objet fixe autour duquel s'agitent les premiers acteurs filmés que sont les ouvriers et ouvrières des industriels. À jamais enregistrés sur une pellicule, montrés au monde entier.

La Sortie de l'usine Lumière à Lyon devient le premier film, un geste inaugural, une preuve du génie français. Une fierté, un patrimoine qu'a compris le maire de Lyon et ancien président du Conseil des ministres, Édouard Herriot qui, le 1er juin 1930, vante les mérites de « l'admirable invention des Lumière » devant une foule d'un millier de personnes. Et rebaptise alors le chemin Saint-Victor en « rue du Premier-Film ».

Si la maison d'Antoine Lumière est inscrite à l'inventaire des monuments historiques en 1986, le hangar est encore l'objet de débats. D'aucuns proposent même de le déplacer plus loin et de le reconstruire à l'identique. Nouvelle hérésie et autre combat à mener. C'est l'approche du centenaire de l'invention du cinéma, en 1995, qui offre au hangar un sursaut mémoriel et le dernier coup de pouce. Le voilà enfin, cent ans jour pour jour après le tournage du premier film, classé monument historique. Après un concours d'architecture, la première pierre du chantier de restauration est posée en 1997 devant une trentaine de cinéastes du monde entier. La restauration d'un coût de 2,8 millions d'euros est confiée à l'architecte Pierre Colboc et à l'architecte en chef des Monuments historiques, Didier Reppelin.

Le voilà protégé dans un écrin de verre et de béton. Un artefact, un objet de l'histoire, une pièce de musée à ciel ouvert qui a survécu, immobile, assistant au ballet quotidien, non plus des ouvriers, mais des cinéphiles.

Le trésor du *San José*

Péninsule de Baru - Colombie - 7 juin 1708

Comment l'immense trésor du célèbre galion espagnol constitue aujourd'hui un enjeu international, trois cents ans après avoir sombré au fond des eaux des Caraïbes ?

Trois navires pour trois destins. Lorsqu'ils quittent le port de Porto Bello au Panama le 28 mai 1708, les galions *San José*, *San Joaquin* et *Santa Cruz* s'apprêtent à traverser l'Atlantique. Et à rapporter dans leurs cales les objets et les matériaux les plus précieux de l'Amérique du Sud à la Couronne espagnole. Un trésor constitué de trois cents coffres d'or, d'argent, de pierres précieuses, notamment d'émeraudes, de porcelaine chinoise, de perles, de pots en céramique, de bouteilles en verre, de canons en fonte… Des richesses pillées dans les colonies espagnoles, notamment bolivienne… Il est destiné à engraisser les caisses du roi Philippe V, lancé dans une guerre de succession coûteuse et risquée et qui voit s'affronter les grandes puissances d'Europe. Le plus grand trésor jamais transporté sur les plus grands galions de la flotte espagnole.

La route est dangereuse en ces temps troubles, mais le roi d'Espagne n'attend pas. Malgré la présence de navires anglais signalés au large de Carthagène des Indes, le général Santillan juge « les mers assez larges » pour l'armada de dix-sept bateaux. Le 7 juin, arrivés près de la péninsule de Baru, le vent leur fait défaut et ralentit leur course. Ils n'ont plus qu'à jeter l'ancre. C'est là que la Royal Navy anglaise leur fait face. La bataille peut commencer.

Les cinq navires anglais attaquent les bateaux ennemis et privilégient les trois galions qu'ils savent chargés de biens précieux. Le trésor sera bientôt en leur possession. Le combat dure une heure, avant que le *San Joaquin* ne parvienne à s'échapper et à rejoindre Carthagène des Indes, avec la plupart des autres bateaux de la flotte. Le *Santa Cruz* est quant à lui abordé et devient, avec sa cargaison, une prise de guerre pour les Anglais. Voilà les deux camps à égalité.

Reste le *San José*, moins chanceux. Malgré ses soixante-quatre canons, le vaisseau amiral essuie une pluie de boulets qui mettent le feu à sa poudrière. Le navire de bois de 60 mètres de longueur explose et envoie près de sept cents hommes et 200 tonnes de butin par 600 mètres de fond. La bataille est terminée et le trésor perdu pour tout le monde. La légende et le rêve des chasseurs de trésor peuvent commencer.

La guerre reprend trois siècles plus tard, en 2015, après la découverte de l'épave à environ 16 kilomètres des côtes colombiennes. Naturellement, sa présence dans les eaux territoriales de la Colombie permet au pays de s'en réclamer le propriétaire et l'autorise, selon lui, à récupérer le trésor. Ce qu'il a commencé à faire à l'aide d'un robot muni de pinces. Coût de l'opération : 4,5 millions de dollars. Objectif officiel : réaliser un musée consacré aux bateaux échoués…

Seulement, l'Espagne demande elle aussi la propriété du *San José*, qui fut construit sur les chantiers du Pays basque espagnol et faisait partie de sa flotte. Elle s'appuie pour cela sur une convention de l'Unesco sur la protection du patrimoine culturel submergé, éditée en 2001, et qui établit à trois millions le nombre d'épaves recensées au fond des mers du globe.

C'était sans compter la communauté bolivienne des Qhara Qhara, qui rappelle que les pillages réalisés sur ses terres ont nourri les cales du *San José*. Un bon argument pour recouvrer ce qui lui appartient.

Quant à la compagnie américaine Sea Sarch Armada, elle exige la moitié du trésor, prétextant avoir découvert le galion dès 1983, au nom du gouvernement colombien.

Autant de belligérants et de raisons plus ou moins valables donc. Il faut dire que le trésor est évalué entre 10 et 20 milliards de dollars et fait de lui le plus convoité de tous. De quoi aiguiser les appétits les plus féroces.

En 2020, le galion et son chargement sont alors déclarés « biens culturels », afin d'empêcher toute monétisation. Et le mot « trésor » disparaît des discours et documents officiels. Certaines parties font un pas vers l'entente cordiale. L'Espagne et les Qhara Qhara consentent à renoncer à toute poursuite judiciaire à la condition que le navire soit considéré comme un patrimoine historique partagé. Resterait un duel entre la Colombie et Sea Search Armada ?

À moins que Florentino Ariza, le héros de *L'Amour au temps du choléra* de Gabriel Garcia Marquez, n'ait appris à nager et se décide enfin à plonger pour admirer ce trésor qu'il ne peut qu'imaginer depuis la terre ferme.

Le Hollywood sign

Mount Lee - Hollywood - Los Angeles - 1923

Comment ce simple panneau publicitaire a failli disparaître à plusieurs reprises avant de devenir le symbole même du cinéma américain ?

Le ciel est gris et le mont Lee a des airs de fin du monde. Les neuf lettres blanches qui dominent le quartier d'Hollywood ne sont plus que l'ombre d'elles-mêmes, comme si une tornade, une invasion de martiens ou une attaque de zombies avait décimé le symbole de Los Angeles. Le premier O a perdu une partie de sa rondeur, le second L semble comme grignoté, tandis que le troisième O n'est plus, effondré en contrebas. En réalité, une invasion de termites a rongé les poteaux de bois qui soutenaient les lettres et quelques voyous ont allumé un feu au pied du L, expliquant cette vision postapocalyptique digne des films catastrophe à la mode. La gloire du cinéma muet Gloria Swanson a beau avoir parrainé une rénovation de l'enseigne voilà seulement cinq ans, et malgré son classement en tant que monument historique et culturel par le conseil municipal, le Hollywood sign vit ses derniers instants sous l'été brûlant de 1978.

Cinquante-cinq ans plus tôt, treize lettres blanches posent fièrement sur les hauteurs de la ville pour vanter un nouveau programme immobilier baptisé « Hollywoodland » et porté par l'homme d'affaires Harry Chandler. L'immense et éphémère panneau publicitaire, conçu par Thomas Fisk Goff en 1923 pour une durée de dix-huit mois, coûte 21 000 dollars. Haut d'une quinzaine de mètres, il s'illumine la nuit venue grâce à quatre mille ampoules afin d'être visible de très loin et de donner envie aux futurs acquéreurs. Ouvriers mexicains, tracteurs et mulets ont été nécessaires pour l'installer sur cette colline pentue.

C'est là qu'en 1884, Harvey et Daeida Wilcox ont acheté un immense terrain que madame a baptisé la « Forêt de houx », Hollywood. Au pied de l'objet promotionnel, le réalisateur Mack Sennett y possède ses studios, les premiers de la ville. Le roi de la comédie, qui a notamment découvert Charlie Chaplin, y tourne plus d'un millier de films. Ont suivi la RKO, Columbia, Paramount et Warner Bros. Le cinéma américain est né ici, sa terre offre au monde la Mecque du cinéma.

L'année suivant la construction du monument, le cinéma américain connaît une crise sans précédent. Baisse de fréquentation des salles, crise économique, chômage, pluies diluviennes, fièvre aphteuse venant décimer les chevaux tant utilisés lors des tournages… Hollywood ne semble plus la terre promise de cet art plus tout à fait nouveau et de nouvelles villes, telles Culver City ou Westwood, semblent vouées à un avenir plus radieux.

Pourtant, l'objet n'est pas démonté, devenu en peu de temps et pendant toute la décennie une nouvelle attraction touristique. Jusqu'à entrer dans la légende tragique du cinéma en 1932, quand Peg Entwistle, apprentie actrice qui vient d'apprendre que son premier grand rôle a été coupé au montage, se suicide en se jetant du haut de la lettre H.

Au sortir de la Seconde Guerre mondiale, le quartier est devenu l'un des plus huppés et recherchés de la ville. Les résidents sont exigeants et ne supportent plus cet immense Hollywoodland peu entretenu qui se dégrade et dévalue la valeur de leurs biens. Le H a même disparu et les autres lettres menacent d'en faire autant sous les rafales de vent. Les promoteurs cèdent le terrain et le vendent alors à la ville.

En 1949, l'objet prend un nouvel essor. La Chambre de commerce d'Hollywood conclut un accord avec le Département des parcs et loisirs de Los Angeles pour réparer et, désormais, entretenir le panneau. Comme un rappel, un retour aux sources qui a vu naître le domaine Hollywood à la fin du XIXe siècle, mais aussi pour réduire les coûts d'entretien, les lettres LAND disparaissent à jamais. « HOLLYWOOD » est écrit en grosses lettres, à l'instar des plus grandes vedettes au fronton des salles de cinéma. Il est une star à part entière.

Durant trois décennies, le Hollywood sign s'installe durablement dans le paysage. Il est désormais synonyme de Los Angeles, au même titre que les Walk of Fame,

Bradbury Building, Hollywood Hotel et Chinese Theatre. Jusqu'à sa décrépitude totale à l'été 1978. Le coup de grâce est annoncé, il doit être détruit. *The end.*

Mais comme dans tout bon film hollywoodien respectant le principe du happy end, un rebondissement vient à point. À la fin de l'été, la célèbre colline est nue pour la première fois depuis plus de cinquante ans, débarrassée de ce qu'il restait des neuf lettres plus très blanches. Si le panneau d'origine a été détruit, il est pourtant prêt à renaître de ses cendres. Une grande collecte de fonds est organisée. Hugh Hefner, le célèbre patron du magazine *Playboy*, paie la modique somme de 27 500 dollars pour rénover le Y. Le chanteur Alice Cooper fait de même pour l'un des O.

Bientôt, un ballet d'hélicoptères survole la zone pour déposer une nouvelle structure constituée de 194 tonnes de béton et d'acier. Coût de l'opération, 250 000 dollars.

Le 14 novembre 1978, le nouveau panneau de 137 mètres de longueur est officiellement inauguré en direct à la télévision pour le 75e anniversaire d'Hollywood. Chacune des lettres d'acier blanc ondulé mesure 13,7 mètres de hauteur et entre 9,5 et 12 mètres de largeur.

Depuis, de nombreuses rénovations sont réalisées pour maintenir le prestige grâce à plus de 1 300 litres de peinture « blanc glamour ».

Jusqu'à une nouvelle mise en danger en 2010, lorsqu'un consortium immobilier s'apprête à racheter le terrain entourant les lettres pour y faire construire des résidences de luxe. Hugh Hefner est à nouveau de la partie pour éviter l'outrage et offre 900 000 dollars sur les 12,5 millions nécessaires pour racheter le terrain. Il est rejoint par une multitude de dons au générique desquels figurent notamment Steven Spielberg, Tom Hanks, le gouverneur de Californie, Arnold Schwarzenegger, le joaillier Tiffany's, des studios de cinéma et plusieurs États américains. De quoi permettre sa sauvegarde et la mise en place d'un système de sécurité de haut rang pour éviter toute dégradation.

Bien que remplacé par une doublure métallique, le Hollywood sign est un témoin de bois né au temps du muet et qui a connu le noir et blanc puis la couleur, aussi bien la gloire que le creux de la vague, la disparition que la renaissance ; un artefact à jamais ancré dans la mémoire collective. Un peu plus encore depuis que Tom Cruise l'a habillé des anneaux olympiques lors de la cérémonie de clôture des Jeux de Paris 2024. Une légende hollywoodienne en somme.

Le paratonnerre de Benjamin Franklin

Philadelphie - Maryland - États-Unis
Juin 1752

Comment une simple tige de fer a joué avec la foudre pour mieux l'apprivoiser et nous en protéger ?

Le ciel de Philadelphie prend des teintes si sombres qu'il chasse des rues les habitants. On se presse, les derniers égarés se mettent à l'abri. Seuls un homme et son fils semblent excités par la promesse de l'orage.

Lassé d'attendre la fin de la construction de Christ Church sur laquelle il comptait placer, du haut de ses 60 mètres, une pointe métallique, Benjamin Franklin a trouvé une idée plus originale encore pour sa dernière invention. Un cerf-volant flirtant avec les nuages de ce jour de juin 1752 sera tout aussi capable, sinon mieux, d'attirer à lui la foudre. Franklin pourra ainsi prouver sa théorie : la foudre est bien de l'électricité et les nuages en sont remplis.

Cela fait deux ans que Benjamin Franklin réfléchit à l'idée d'un paratonnerre après avoir observé qu'une aiguille de fer éloigne l'électricité d'une sphère métallique chargée. Il imagine alors garantir la sécurité des personnes et des bâtiments grâce à une tige de fer placée en hauteur et reliée au sol pour fournir un point d'impact, puis un canal pour y conduire l'électricité, écartant tout danger d'électrocution et d'incendie.

Aidé de son fils William, tout juste majeur, l'inventeur de 46 ans se place dans un champ à la vue dégagée, laisse s'envoler un cerf-volant fait de bois de cèdre et muni d'une petite pointe de fer à son extrémité. À l'opposé, sur la longue ficelle de chanvre est attaché un foulard de soie servant d'isolant, sur lequel pend une clef en métal pouvant recevoir la charge électrique espérée. Au bout de longues minutes et alors que la pluie fait doucement son apparition, Franklin observe que des fils de chanvre se dressent, s'évitent les uns les autres, et il devine la charge électrique. Il approche alors son index de la clef pour voir une étincelle se former. Sa théorie est confirmée.

L'une des grandes légendes américaines est née. Une scène maintes fois représentée, dessinée et peinte au cours des décennies et siècles suivants, où le quarantenaire apparaît en grand-père aux cheveux blancs et son fils William en petit garçon, alors qu'il avait en réalité 21 ans.

S'il n'existe aucune trace physique ni du cerf-volant, ni du foulard de soie, ni de la clef, c'est que cette scène n'a peut-être jamais existé. De nombreux scientifiques et historiens mettent en doute cette belle histoire et s'interrogent sur le risque pris par Franklin, qui aurait pu lui être fatal.

Les écrits sur cette expérience restent très sommaires et Benjamin Franklin en publie un compte-rendu assez court dans *La Gazette de Pennsylvanie*, le 19 octobre 1752. Il y invite ses pairs à reproduire l'expérience et impressionne les scientifiques européens de l'époque. Le philosophe allemand Emmanuel Kant le surnomme bientôt le « Prométhée moderne », en référence au titan de la mythologie grecque ayant volé le feu aux dieux pour l'offrir aux humains.

Pour autant, certains lui reprochent le manque de détails et de crédit dans son rapport. Et il n'a jamais plus rien écrit sur cette journée, pas plus que William n'en a jamais dit un mot.

Ce qui est certain, c'est que Benjamin Franklin ne cesse ensuite de développer et d'expérimenter son idée. Il conçoit des paratonnerres faits de tiges de fer verticales, aux pointes acérées qu'il trouve plus efficaces que celles aux pointes arrondies. Et compte bien tirer « probablement silencieusement le feu électrique d'un nuage avant qu'il ne s'approche suffisamment pour frapper, nous protégeant ainsi de ce méfait le plus soudain et le plus terrible ». Il fait équiper plusieurs bâtiments, comme l'Independence Hall à Philadelphie, le dôme du capitole de l'État de Pennsylvanie, et même la flèche du clocher de l'église Saint-Clément à Arpajon (Essonne) lors de son long voyage en France, en 1782. Et développe un nouveau vocabulaire devenu la norme, avec les termes « positif » et « négatif ». Le bout de métal a fait avancer la science et la sécurité.

Le Franklin Institute à Philadelphie, en Pennsylvanie, expose l'un d'entre eux. Une longue tige de fer noircie, brûlée par la foudre, longue de 30 centimètres et courbée y est présentée sous verre, parmi les autres inventions de Benjamin Franklin. Une preuve tangible qui a joué avec la foudre il y a près de trois siècles.

Le London Bridge

Lake Havasu City - Arizona - États-Unis
Octobre 1971

Comment ce pont emblématique est passé du gris de la capitale anglaise au soleil brûlant de l'Arizona ?

Après cent trente-six ans de bons et loyaux services, le monument commence à se faire vieux. Sous une pluie fine traversant une brume toute londonienne, il s'enfonce de 3 millimètres chaque année sous le poids d'un trafic croissant. Les milliers de voitures et les bus à impériale se succèdent, frôlant la dizaine de candélabres, trésor de guerre issu de la fonte des canons du vaincu Napoléon. S'il a résisté aux bombardements de la Seconde Guerre mondiale, le pont de granit de 283 mètres de longueur et de 15 de largeur a mauvaise mine en cette fin 1967. Il doit laisser la place à une structure moderne et plus sûre. Plutôt que de le détruire, les autorités décident de le vendre aux enchères.

À 8 500 kilomètres de là et dix ans plus tôt, la terre ocre et poussiéreuse sur laquelle semble flotter un immense lac bleu scintillant envoûte Robert P. McCulloch depuis le hublot de l'avion. Là, à la frontière de la Californie et de l'Arizona, sur les rives arides du lac Havasu, un petit coin de paradis brûlant impressionne l'industriel. Il se verrait bien y tester les bateaux qu'il fabrique.

Le multimillionnaire a enchaîné créations d'entreprises et inventions. Le succès de sa tronçonneuse, la McCulloch 3-25, la plus légère du marché, capable de couper aussi bien les arbres que la glace, le rend richissime. Il peut alors acquérir 70 km^2 des terres désertiques qui l'ont séduit. Puis 50 km^2 supplémentaires en 1963, année où il fonde Lake Havasu City. Une ville nouvelle au milieu de rien. Habitations, routes, bâtiments… Pour la concevoir, il engage l'ingénieur en chef de Disneyland. La population croît doucement et compte, à la fin de la décennie, cinq mille aventureux à qui il a offert le billet d'avion. Il lui manque juste un petit quelque chose pour compléter l'attrait que peut avoir sa cité. Une attraction qui fera venir des milliers de touristes. Mais laquelle ?

Quand McCulloch apprend que le London Bridge est à vendre, il trouve l'idée excellente et en propose 2,4 millions de dollars. Malgré le manque de réels concurrents, il ajoute même 60 000 dollars pour être certain de remporter la mise. Et il en devient le nouveau propriétaire.

Un long travail commence. Chaque pierre est numérotée, démontée, soigneusement classée et embarquée par bateau. Une traversée de l'Atlantique, un petit tour par le canal de Panama, un arrimage à Long Beach en Californie, 500 kilomètres de route et voilà le pont en kit dans ce bout de désert conquis. Après trois années de consolidation et de remontage, le majestueux ouvrage est prêt. Avec un petit handicap. Il n'enjambe que le sable d'une péninsule et flirte donc avec l'inutilité. Voire la moquerie. Un décor de granit et de pacotille décevant pour les visiteurs tant attendus.

Qu'à cela ne tienne, McCulloch continue à voir grand et fait creuser un canal, en aval du lac, créant un bras depuis le fleuve Colorado. Le London Bridge relie alors la ville à Pittsburgh Point, nouvelle petite île déserte, dont l'intérêt semble égaler le faible nombre de résidents. Mais peu importe, une oasis dans le désert ne se refuse pas.

En octobre 1971, le pont se pare d'un tapis rouge, d'un barnum géant, d'une parade, de montgolfières, d'un feu d'artifice, de la presse, de Robert Mitchum… Un show à l'américaine pour fêter dignement l'inauguration de cette incongruité architecturale, morceau importé de l'histoire anglaise. La population triple en peu de temps et grimpe à cinquante-six mille habitants. La localité est, depuis, devenue un lieu de villégiature vernale de près de deux millions de vacanciers, venus admirer le London Bridge couler des jours heureux au soleil de l'Ouest américain.

La pierre de la honte

Palais de la Raison - Padoue - Italie
Mars 1231

Comment l'idée de saint Antoine de Padoue de se taper les fesses sur un bloc de pierre a évité la prison à des milliers de personnes ?

Le 17 mars 1231, le frère Antoine fait face au Grand Conseil du palais de la Raison, palais de justice de la ville de Padoue. Dans cette immense salle, les condamnés, qui se sentent bien petits face à tant de grandeur et d'ostentation, défilent. Les mauvais payeurs sont particulièrement visés par les sentences impitoyables des juges et connaissent déjà leur sort. Ils n'échappent généralement pas à la flagellation et au cachot à vie, situé à quelques pas de là. On ne plaisante pas avec le vol et l'honneur.

Mais le prêtre franciscain, lui, n'a rien à craindre, il n'est accusé de rien. Non, il profite de l'occasion donnée à chaque fin de carême pour présenter une requête. Il vient plaider la cause des débiteurs insolvables et des endettés, qu'il considère comme saisis d'injustice, et propose une sentence moins lourde. Si sa demande a d'abord de quoi surprendre les représentants de la justice, elle lui est finalement accordée. Il faut dire que le jeune prêtre, envoyé par François d'Assise lui-même, jouit d'une haute estime et d'un respect tout particulier. Il est le ministre provincial de l'Italie du Nord pour l'ordre franciscain, connu pour ses talents de prédicateur et ses multiples miracles.

Selon lui, « les usuriers sont des malheureux qui ne réfléchissent pas à la condition de leur vie, à leur naissance, à leur mort. À leur entrée dans le monde, ils n'ont ni sac ni argent ; à leur sortie ils ont juste un sac. [...] D'où vient alors tout ce qu'ils possèdent ? De la rapine et de l'usure*. » Frère Antoine propose alors la confiscation des biens de l'accusé et, comme pis-aller, l'humiliation publique.

« Sur la demande du vénérable frère, le bienheureux Antoine, confesseur des Frères Mineurs, dans l'avenir aucun débiteur ou citoyen ne pourra être privé de sa liberté pour cause de dette. On pourra saisir ses biens, mais non sa personne, ni sa liberté », statue le Grand Conseil.

On fait installer, au centre de la salle, sur trois socles carrés de tailles différentes et assemblés pour former un piédestal, un bloc de pierre noire, en forme de coupe, offrant une assise ronde et aplatie. La *pietra del vituperio* ou « la pierre de la honte ». Tout marchand ou tout homme mis en cause pour ne pas avoir payé son dû doit désormais subir aux yeux de tous l'infamie qu'il mérite. Face à

---

* *Les Sermons* de saint Antoine de Padoue.

une assemblée d'au moins cent témoins, l'accusé a pour obligation de retirer ses habits pour ne conserver que son sous-vêtement. Là, il doit y frapper son postérieur à trois reprises sur la pierre froide en répétant *« Cedo bonis »*, « je cède mes biens ». Défait de ses possessions, tourné en ridicule, l'homme devient paria et n'a alors plus qu'à quitter la ville, quasi nu, pour entamer une nouvelle vie, ailleurs. Déshonoré, mais libre.

Si le coupable souhaite revenir un jour à Padoue, une seule condition : avoir réuni assez d'argent pour rembourser ses créanciers. Et si jamais il est aperçu dans les rues de la ville sans avoir acquitté sa dette, il sera à nouveau contraint au même exercice, auquel s'ajouteront trois seaux d'eau froide.

Frère Antoine meurt cette même année, à 36 ans, d'hydropisie. Il est canonisé dès 1232 par le pape Grégoire IX en raison des différents miracles qui lui sont attribués et devient saint Antoine de Padoue. L'humiliation de la pierre de la honte valait mieux que la prison à vie et perdura ainsi durant des siècles. La pierre de celui que l'on invoque pour retrouver les objets perdus n'a pas disparu. Elle est toujours visible, déplacée dans l'un des coins de la grande salle du palais de la Raison, à Padoue.

La liste de Schindler

Cracovie - Pologne - Automne 1944

Comment un industriel allemand a permis de sauver la vie de mille salariés juifs grâce à ses relations avec le parti nazi et quelques feuilles de papier ?

L'annonce a de quoi surprendre. Par sa nature et par son prix. Le 18 juillet 2013, le site eBay propose à la vente un document historique rarissime sous le nom *Original Schindler's list from family of Itzhak Stern, dated April 18, 1945.* Mise à prix : 3 millions de dollars. Avec l'espoir d'atteindre les 5 millions. Les enchères sont ouvertes pour dix jours.

L'objet est une liste de quatorze pages portant les noms de huit cent une personnes, tapés à la machine sur du papier pelure. Parmi eux, des Jakob, Samuel, Simon, David, Salomon, Abraham… des menuisiers, vitriers, serruriers, peintres, cuisiniers, ingénieurs civils… des vingtenaires, trentenaires, quarantenaires… Ils ont pour points communs d'être juifs, travailleurs forcés de l'usine d'émaillage d'Oskar Schindler, et d'avoir été sauvés de la mort par celui-ci.

À l'automne 1939, la Deutsch Emailwarenfabrik du jeune trentenaire Oskar Schindler emploie de nombreux Juifs qui ont investi dans l'usine contre la garantie d'un emploi. Un site stratégique produisant des batteries de cuisine en émail et des munitions. Après la liquidation du ghetto de Cracovie en mars 1943, les Juifs sont classés en deux catégories. Ceux aptes au travail et les autres, pour la plupart envoyés à Auschwitz. Les salariés sont devenus des prisonniers du camp de travail de Plaszów, situé non loin. Schindler s'emploie à entretenir de bonnes relations avec le SS Amon Göth, réputé pour sa barbarie, qui dirige le camp. Une aubaine pour obtenir une main-d'œuvre très bon marché, mais qu'il traite avec le plus de respect possible. Et dont il comprend au fur et à mesure la cruelle indignité à laquelle ils sont soumis et la nécessité absolue de les protéger.

Si le camp de Plaszów ferme, ce sera la mort assurée pour des milliers de prisonniers. Et avec eux des travailleurs. D'homme d'affaires avide de richesse et membre du parti nazi, Schindler devient sauveur. Aidé par son épouse, son comptable, Itzhak Stern, et par Mietek Pemper, un étudiant de 22 ans affecté au service de Göth en tant que secrétaire personnel et sténographe, Schindler compte transférer tous ses salariés vers l'usine d'armement de Brünnlitz, dépendante du camp de Gross-Rosen. Il dresse pour cela une liste de mille deux cents noms de celles et ceux qu'ils souhaitent emmener. Ses ouvriers, mais aussi leurs familles.

Une longue liste tapée à la machine, dans le bureau du chef des travaux, sur un format un peu plus long que la taille standard, qui doit être la plus précise et complète possible : Noms, prénoms, dates de naissance, numéros de déporté… mais aussi l'âge et la profession qu'il falsifie à l'envi. Le premier pour éviter de faire apparaître des enfants ou des vieillards qui ne seraient pas éligibles au transfert ; la seconde pour cacher des avocats ou des femmes au foyer sous un faux métier, considéré comme indispensable par les nazis pour assurer le bon fonctionnement de leurs usines.

Mietek Pemper et de nombreux prisonniers tapent, et parfois retapent entièrement certaines pages, afin de n'oublier personne, de ne faire aucune erreur qui pourrait éliminer un candidat au sauvetage. Plusieurs pages, plusieurs versions pour sauver le maximum de vies. Schindler ne dicte pas, mais veille au bon déroulement de l'opération, dirige et choisit les noms qui doivent y figurer, désireux de ne pas séparer les couples et les familles.

Surtout, Schindler doit porter la liste et convaincre. À coups de négociation, de pot-de-vin, de cadeau personnel, mais aussi d'interrogatoire, il négocie. Non pas seulement avec Amon Göth, mais aussi auprès de différents services administratifs, comme le département D, d'officiers SS, de l'Inspection de l'armement du gouvernement, etc. Il obtient notamment que son usine soit considérée en dehors de la zone de surveillance des SS. Un travail laborieux, de longue haleine, à l'issue incertaine et qui peut lui coûter la vie, comme à ses protégés.

En fin de compte, sept cents femmes et trois cents hommes sont autorisés à figurer sur la liste. Soit plus que le nombre d'ouvriers juifs travaillant dans l'usine. De quoi la compléter de nouveaux noms, comme des parents, des frères, des sœurs, des cousins. Une liste sans cesse modifiée par l'administration nazie. Un nom retiré est souvent l'assurance d'une mort annoncée. S'y sont ajoutés d'autres travailleurs et des déportés originaires de Golleschau, portant le nombre total à mille deux cents personnes. Avec son épouse, ils multiplient les actions de sauvetage, empêchant un train de partir, libérant un groupe de femmes du camp d'Auschwitz…

À sa mort, Oskar Schindler est enterré au cimetière chrétien du mont Sion de Jérusalem. Sur sa tombe : « L'inoubliable sauveteur de mille deux cents Juifs persécutés. »

Popularisée par le roman de Thomas Keneally, *Schindler's Ark*, et surtout par le film de Steven Spielberg sorti en 1994, la liste est entrée dans l'histoire. Ou plutôt les listes sont entrées dans l'histoire. Si la toute première semble avoir disparu, il existe aujourd'hui quatre listes, dites « de Schindler », toutes authentifiées. L'une fait partie des archives fédérales allemandes, à Coblence ; une autre à Washington au musée américain de l'Holocauste ; la troisième à Jérusalem, où les quatorze pages sont exposées sous verre au Mémorial Yad Vashem dédié à la mémoire des victimes juives de la Shoah.

La quatrième liste conservée par le neveu d'Itzhak Stern est la seule à circuler librement. Datée du 18 avril 1945, elle dresse huit cent un noms, auxquels il manque parfois le numéro de détenu. Jusqu'à ce qu'il la vende à un acheteur privé en 2010. C'est cet acheteur qui la met en vente, via la maison Gazin Auctions, sur eBay trois ans plus tard, fier de son investissement.

Le 29 juillet 2013, la session d'enchères est close et le résultat est sans appel. Si treize mille personnes se sont inscrites, aucune enchère n'a été faite. Pas une seule. Peut-être ne peut-on pas acheter l'histoire pour son seul profit. D'autant plus quand elle est tragique.

Le haut-de-forme de Lincoln

Théâtre Ford - Washington - États-Unis
14 avril 1865

Comment un chapeau à la mode au XIXe siècle a construit l'image d'un des présidents américains les plus identifiables ?

Comme un seul homme, les quatre mille chapeaux hauts de forme avancent en rythme autour du cortège funéraire qu'ils accompagnent. Six chevaux blancs tirent l'immense corbillard. Sur les trottoirs, la foule se découvre à son passage en signe de respect ; tous saluent la mémoire d'Abraham Lincoln.

Quatre jours plus tôt, le 14 avril 1865, le seizième président des États-Unis décide qu'il assistera le soir même à une représentation de *Our American Cousin* au théâtre Ford. On s'active alors pour recevoir comme il se doit le président et son épouse. On fait enlever une cloison de bois entre les loges 7 et 8 du premier balcon pour les réunir et offrir le meilleur confort à ces hôtes de marque. Six chaises droites, deux autres capitonnées, un sofa et pour Lincoln un fauteuil à bascule sont installés sous d'épais rideaux et le portrait protecteur de George Washington.

Le couple présidentiel, accompagné du major Rathbone et de quelques invités, arrive avec trente minutes de retard et la pièce s'interrompt pour laisser l'orchestre jouer *Hail to the Chief*. Sa longue silhouette de 1,93 mètre, rehaussée de son haut-de-forme de 30,5 centimètres en feutre noir usé, est facilement reconnaissable et entraîne les applaudissements des mille six cent soixante-quinze spectateurs. Lincoln retire son chapeau pour la dernière fois et prend place pour que la comédie reprenne.

Il est un peu plus de 22 heures quand John Wilkes Booth se retrouve sans difficulté devant la loge présidentielle, laissée pour un temps sans surveillance. Le comédien voue une haine grandissante envers le président républicain, lui qui a renforcé le rôle du gouvernement fédéral et aboli l'esclavage. Et plus encore depuis le début de son second mandat et sa volonté de donner le droit de vote aux anciens esclaves. Un affront pour ce confédéré qui ne voit qu'une solution : tuer le président, mais aussi son vice-président et le secrétaire d'État. De quoi semer un vent de panique qui s'avérerait profitable aux États du Sud, prêts selon lui à reprendre le combat et à se venger de leur défaite après la guerre de Sécession.

Acte III, scène 2. Booth est debout derrière le président, il pointe son Derringer de calibre 44 au manche de bois arrondi et sculpté, et lui tire dans la nuque sans hésiter. La balle traverse le crâne et vient se loger derrière l'œil gauche. Le major Rathbone saute sur Booth, qui perd son pistolet, mais riposte à coups de dague, avant de sauter sur la scène 3,5 mètres plus bas, puis de traverser les coulisses et de s'enfuir à cheval.

Dans la loge, on fait de la place et on sort Lincoln de son fauteuil à bascule pour l'étendre au sol. Deux médecins qui assistent au spectacle interviennent. Ils découpent le col du président, réussissent à extraire un caillot de sang au niveau de la plaie, pratiquent un massage cardiaque, le bouche-à-bouche, mais les résultats sont maigres. Le président doit être évacué au plus vite. Seulement, le mauvais état des chaussées et celui du président sont incompatibles. La Maison-Blanche est trop loin. On rassemble alors ses affaires : son chapeau, son manteau contenant deux paires de lunettes, un portefeuille en cuir, un couteau de cuir et un billet de 5 dollars… Il est évacué dans une maison voisine où l'on allonge sur un lit trop petit son mètre quatre-vingt-treize. Il y meurt le lendemain matin à 7 h 22.

Dans la précipitation, la canne du président et le pistolet sont oubliés dans la loge. Un journaliste remettra ce dernier à la police.

Pourtant fondamentalement divisée sur ce que devait être le pays durant son mandat, la nation pleure son président. Lui, devenu un symbole autant pour ses actions que pour son apparence et sa physionomie. Sa redingote noire, sa barbe sombre, sa grande taille élancée accompagnée d'un chapeau haut de forme en font rapidement une signature. Le chapeau est comme la cerise sur le gâteau, signe d'élégance et de distinction.

Pourtant, le couvre-chef étonne par son usure et apparaît presque effiloché par endroits. Son épouse insiste régulièrement pour qu'il le renouvelle, il est président tout de même. Mais rien n'y fait, il le conserve fièrement. Acquis auprès du chapelier J. Y. Davis, le haut-de-forme devient un outil de représentation, rendant Lincoln visible de tous et de loin. Il y fait ajouter une bande de soie noire en hommage à son fils Willie, décédé à l'âge de 11 ans.

Après l'assassinat d'Abraham Lincoln, le ministère de la Guerre conserve le haut-de-forme avant de le remettre au Bureau des brevets dès 1867, puis au Smithsonian Museum. Objet de convoitise, il est alors entreposé dans une pièce du sous-sol du musée et son secrétaire général exige qu'il ne soit montré « en aucune circonstance, et de n'en parler à personne ». Et ce jusqu'en 1893, où le chapeau est présenté au public lors d'une exposition organisée par la Lincoln Memorial Association. Depuis, le haut-de-forme du grand homme fait la fierté du Smithsonian, l'une des pièces maîtresses de sa collection, exposé au regard des visiteurs. Abandonnée par son propriétaire, la couronne républicaine de feutre semble presque nue.

La porte du Bataclan

Passage Saint-Pierre Amelot – XIe arrondissement de Paris – Juin 2018

Comment une porte de sortie de secours est devenue, après les attentats de novembre 2015, une œuvre d'art puis l'objet de toutes les convoitises ?

Vendredi 13 novembre 2015, 21 h 50. Passage Saint-Pierre Amelot, Paris XIe.

La nuit est noire et tragique. Après l'irruption dans le Bataclan, en plein concert, de trois terroristes qui tirent à vue sur les spectateurs, c'est par cette porte de secours que plusieurs centaines de personnes s'enfuient en courant. Une simple porte qui les a libérés du joug des kalachnikovs et d'une mort probable. L'attaque du Bataclan fait quatre-vingt-neuf morts et des centaines de blessés.

Mardi 26 juin 2018, 2 h 40. Passage Saint-Pierre Amelot, Paris XIe.

La nuit est noire et douce. Un homme portant un sweat à capuche et de grandes feuilles sous le bras s'approche de l'issue de secours du Bataclan. Pendant quelques minutes à peine, il s'active à bomber à la peinture blanche un pochoir sur la porte noire.

Le lendemain, l'agent de maintenance est prêt à repeindre la porte pour effacer ce nouveau tag, comme il le fait régulièrement le long de ce mur où s'expriment les artistes aux talents divers. Il est arrêté à temps dans son travail, car très vite est reconnu l'auteur du dessin. On y voit une jeune fille debout, portant comme un voile, la tête penchée vers le sol, se recueillant et pleurant les victimes, un mouchoir à la main gauche. La voici nommée *La Jeune Fille triste*. Pochoir, arabesques, coulures, poésie, message… L'œuvre est celle de Banksy.

L'Anglais est le roi du street art et son travail, associé à son identité mystérieuse, en fait l'artiste du genre le plus coté au monde. Certaines de ses pièces valent plusieurs millions de dollars. La peinture est sauvée à temps. Associée au lieu, offerte à tous, elle est un hommage aux victimes, un symbole, une fierté aussi. Une pièce de musée à ciel ouvert que l'on visite en passant ou en s'arrêtant quelques minutes. Rapidement, une vitre en Plexiglas vient la protéger de tout acte malveillant.

Janvier 2019. Pleine nuit. Magasin Gedimat d'Heyrieux, en Isère. Trois hommes dérobent de l'outillage, notamment une disqueuse et des groupes électrogènes.

Samedi 26 janvier 2019, 4 h 08. Passage Saint-Pierre Amelot, Paris XIe.

La nuit est noire et fraîche. Une camionnette blanche en provenance de l'Isère fait des allées et venues dans le quartier avant de s'arrêter devant la porte de sortie de secours. Trois hommes portant sweats à capuche et casquettes en descendent. Ils s'approchent de l'issue de secours du Bataclan. Le pied-de-biche joue des coudes et entrouvre la porte. Des étincelles s'échappent des gonds et du frein de porte, la disqueuse fait son œuvre. En moins de huit minutes, les hommes chargent la porte et déguerpissent. À l'arrière de la camionnette, la petite fille triste est allongée sous une bâche. Elle peut valoir près de 1 million d'euros.

Le lendemain, la nouvelle tombe. La porte sur laquelle Banksy a peint a été dérobée. Toutes les questions se posent. Est-ce le simple vol d'une pièce de collection pour un amateur d'art aux moyens élevés et à la dignité si basse ? Ou la pure négation d'un hommage aux victimes ? Voire un soutien à ce crime horrible ? Une simple planche de bois vient panser la béance, un sparadrap d'aggloméré sur lequel on peut lire en anglais : « Tu peux gagner la course des rats, mais tu restes un rat. » Une enquête est lancée pour la retrouver.

Juin 2020, Tortoreto, Italie. À l'image de son illustre et lointaine parente *La Joconde*, volée un siècle plus tôt par le vitrier italien Vincenzo Peruggia, *La Jeune Fille triste* est retrouvée en Italie. Des agents perquisitionnent une maison de campagne située à proximité de la ville de Tortoreto, dans la région des Abruzzes. Et découvrent dans le grenier en pierre et en sous-pente ce qu'ils espéraient y trouver, la fameuse porte découpée sur laquelle la petite fille porte toujours le deuil. L'œuvre est intacte et seule manque la poignée. Après une remise officielle en bonne et due forme à l'ambassadeur français, la porte revient à Paris.

Huit personnes sont alors arrêtées et jugées : les trois hommes, leurs complices et celui qui se voit déclaré comme le cerveau de l'affaire ; Mehdi Meftah. Si le nouveau millionnaire, heureux gagnant de 4 millions d'euros au loto et fondateur de la marque de tee-shirts BL1.D, reconnaît que les trois hommes lui ont présenté l'œuvre volée, il nie être le commanditaire. Après jugement, tous sont condamnés pour vol et recel à des peines allant de six mois de prison avec sursis jusqu'à quatre ans, dont deux ferme.

2 mars 2021. Paris. La porte va pouvoir retrouver son lieu d'origine. Sauf qu'elle est placée sous scellés. Et fait naître une bataille juridique entre le propriétaire des murs et la société d'exploitation du Bataclan, qui chacun en réclame la propriété.

Si le second avance l'idée que la porte est devenue une œuvre d'art à part entière et un objet de mémoire, le premier rappelle qu'elle fait partie intégrante du site et obtient gain de cause auprès du juge. La porte lui revient, l'affaire est close.

Juillet 2021. La Ville de Paris devient l'actionnaire principal de la société d'exploitation du Bataclan et conteste le jugement. Elle craint que l'artefact soit revendu et prive ainsi « les victimes du Bataclan d'un morceau de leur mémoire ». Elle compte même l'installer dans un musée dédié aux victimes d'attentats. « Un animal en cage », selon les mots de Banksy. La Ville a dix jours pour faire appel contre l'ordonnance de restitution. Ce qu'elle fait… avec vingt-quatre heures de retard. Trop tard. Les propriétaires de l'immeuble voient ainsi leur propriété sur la porte définitivement confirmée. Et jurent que l'objet usuel devenu objet mémoriel, pour l'instant à l'abri des regards, ne quittera jamais la France.

La baignoire de Marat

30, rue des Cordeliers - Paris
Juillet 1793

Comment la baignoire la plus célèbre de l'histoire de France est devenue une relique de grenier, puis de basse-cour, et enfin un accessoire dans un musée de cire ?

Depuis le 15 juillet 1885 et la publication d'un article dans *Le Figaro*, l'abbé Le Cosse reçoit nombre de visiteurs venus admirer la relique. Là, à Sarzeau, sur l'une des presqu'îles de la Bretagne sud, le curé expose une baignoire. Si elle fait se déplacer les plus curieux des communes voisines, c'est qu'elle servait, presque cent ans plus tôt, de remède au médecin, journaliste, homme politique et révolutionnaire Jean-Paul Marat, qui y passait des heures entières, reclus, pour soigner ou du moins apaiser diverses maladies de peau. Et qu'elle a recueilli aussi bien les écrits du révolutionnaire et les résidus de sa desquamation que son sang abondamment versé lors de son assassinat commis par Charlotte Corday. Un morceau d'histoire révolutionnaire, si loin de la capitale, c'est peu banal.

Un industriel avisé propose même à l'abbé d'organiser un tour de France afin de présenter l'objet aux yeux des nostalgiques d'un temps pas si lointain, mais qu'ils n'ont pas connu, la Révolution française. Le but est d'en tirer de larges profits, qu'il ne restera plus qu'à partager. Le Cosse refuse, jugeant la proposition indigne. D'autant qu'il n'a qu'une idée en tête, vendre l'objet au célèbre musée de cire Madame Tussauds, à Londres, et restaurer ainsi divers bâtiments de la commune.

Quand le couteau laisse voir la plaie béante rougir l'eau déjà trouble du bain, la descendante de Corneille reste immobile, silencieuse. Bientôt les cris de stupeur, de colère, de haine viennent remplir l'air chaud de cette fin de journée du 13 juillet 1793. L'on se presse au premier étage de l'hôtel de Cahors, 30, rue des Cordeliers, pour voir le crime, pleurer le nouveau martyr, injurier la criminelle. La mort de Marat est un outrage pour les révolutionnaires, qui fait passer au second plan les cérémonies de commémoration du si jeune 14 juillet. Les hommages s'enchaînent. La rue où il est passé de vie à trépas sera rebaptisée rue Marat. Lui-même sera panthéonisé, durant quelques mois du moins. Le peintre Jacques-Louis David prépare les funérailles et illustre le corps de son ami sacrifié dans ce qui reste le tableau le plus célèbre de celui que l'on surnommait alors « l'ami du peuple », du nom du journal qu'il a créé et dirige. Marat gît dans un bain rouge, la poitrine tailladée, le bras droit ballant tenant encore une plume d'oie et sous lequel repose le couteau coupable.

Si la scène est hautement symbolique et magnifiée, elle ne reste pas si éloignée de la vérité. La tête drapée dans un linge humide destinée à calmer ses migraines, Marat a pour habitude de patauger des heures durant dans cette baignoire sabot faite en cuivre, de couleur fauve, assez courte et au fond de laquelle une petite assise est prévue. On dirait une immense chaussure. Il y a apposé une tablette de bois sur laquelle il peut rédiger ses articles et ses courriers destinés à la Convention, à laquelle il ne s'est pas rendu depuis le 3 juin 1793.

Des scellés sont posés dans cette pièce pas bien grande, donnant sur une cour sombre et très peu meublée. Un inventaire du mobilier est réalisé, mais la baignoire y est absente. Elle semble avoir disparu, peut-être récupérée par un révolutionnaire endeuillé, mais malin. Elle réapparaît lorsque le colonel Marie-Joseph-André-Augustin de Capriol Saint-Hilaire l'achète en 1804 à un marchand de ferraille parisien de la rue d'Argenteuil. La famille s'installe au château de Beauchamp, à Taverny, non loin de Paris, et le baquet finit à l'abri des regards... au grenier. Un trésor de cuivre et de sang que tout le monde va oublier.

Sa fille Marie-Adélaïde en hérite en 1850 et s'installe avec l'abbé Joseph Rio, ami de la famille, qui veille à la santé fragile de la quarantenaire. Elle emporte avec elle la fameuse baignoire, qui les suivra au fil de leurs déménagements, jusque sur l'île d'Arz, dans le golfe du Morbihan. Rio en hérite à son tour, avant que l'abbé Le Cosse ne s'en porte acquéreur en 1877, à la mort de son confrère. Il l'installe dans le hangar planté dans la basse-cour du presbytère et montre la curiosité aux amateurs d'histoire.

Certains doutent pourtant. Jusqu'à la publication de l'article du *Figaro* relatant cette odyssée et les rêves de grandeur du prêtre.

S'il a d'abord refusé les offres des musées Carnavalet et Grévin, qui souhaitaient se porter acquéreur, Le Cosse finit par céder face au silence de Madame Tussauds. Le musée anglais semble indifférent à l'histoire de cette grande cuve française, alors que Marie Tussaud a elle-même réalisé le masque mortuaire de Marat. L'abbé accepte la proposition du tout jeune musée Grévin, né quatre ans auparavant. Dans une lettre estampillée du diocèse de Vannes et datée du 8 juillet 1886, le curé vend la baignoire au musée pour 5 000 francs-or. Une somme rondelette, qui permettra de rénover l'école des filles de Sarzeau ou d'agrandir celle des garçons, on ne sait plus bien. La baignoire revient à Paris et trouve sa place dans une reconstitution fidèle de la pièce d'eau de Marat, qui épate alors la galerie. On vient voir ce qu'il reste de Marat et de la Révolution. Au fil des décennies, l'origine de l'objet s'est quelque peu effilée auprès des visiteurs. Tous ne savent pas qu'ils ont devant leurs yeux un artefact de l'histoire de France.

Lors de ses recherches et études toxicologiques élémentaires, le médecin légiste et archéoanthropologue Philippe Charlier a analysé le sang présent sur l'exemplaire de *L'Ami du peuple* (conservé par la Bibliothèque nationale de France) et prélevé de la matière minérale déposée dans la partie inférieure de la baignoire. Il est parvenu à déterminer non seulement les maux du révolutionnaire (dermite séborrhéique due à un champignon, forme d'acné sévère et staphylocoque doré), à qualifier le type de préparations que le médecin Marat se concoctait et s'administrait, et enfin, s'il le fallait encore, à valider par la science l'authenticité de cette baignoire, devenue cercueil pour la postérité.

L'*USS Arizona*

Baie de Pearl Harbor - Île d'Oahu - Hawaï
États-Unis - 7 décembre 1941

Comment le cuirassé américain est devenu l'emblème de l'attaque de Pearl Harbor, qui a précipité les États-Unis dans la Seconde Guerre mondiale ?

Des rires, des éclats de joie, des cigarettes et de l'alcool qui coule à flots. En ce samedi soir, un grand nombre de marins de la base navale de Pearl Harbor profitent de leurs quelques heures de repos méritées après une semaine bien remplie. Les hommes mariés ont rejoint leurs épouses, résidentes de l'île, quand les célibataires fêtent la victoire de l'équipe de football de l'université d'Hawaï. Certains soldats et matelots dansent, jouent au billard et au bowling, assistent à un match de boxe… La bataille de la Musique, qui voit s'affronter les orchestres des différents navires, bat son plein. L'amiral Husband Kimmel et le général Walter Short quittent leurs hommes relativement tôt, une partie de golf les attend le lendemain matin. Ce 6 décembre 1941 s'achève, les hommes, pour la plupart, rejoignent leur navire pour dormir un peu. Les États-Unis n'ont pas prévu d'entrer en guerre contre l'Allemagne ou le Japon.

Dans la baie, cent quarante-six bâtiments dorment sous un ciel clair. Parmi eux, quatre sous-marins, vingt-neuf destroyers, quatorze dragueurs de mines, deux croiseurs lourds et six légers... Ainsi que neuf cuirassés. Le *Pennsylvania* est le vaisseau amiral, l'*Oklahoma* le plus ancien. L'*Arizona* mouille près de l'île Ford, couplé au navire de réparation *Vestal*. Si la mise en service du cuirassé date de 1916 (inauguré avec l'eau du barrage Theodore-Roosevelt et non au champagne en raison des prémices de la Prohibition), il a connu un grand programme de rénovation et de modernisation voilà dix ans. Ses 33 000 tonnes, 185 mètres de longueur et douze canons de 35 centimètres ont vu leur blindage renforcé pour lui offrir une résistance supérieure aux bombes et autres torpilles. Les mille sept cent trente et un hommes à bord sont fiers de leur navire.

Le soleil se lève ce dimanche 7 décembre 1941 et annonce ce qui aurait dû être une belle journée de plus dans l'archipel d'Hawaï. Les Japonais en ont décidé autrement et marquent l'histoire en menant une attaque surprise sur la base navale américaine de Pearl Harbor. À 7 h 48, après un vol de reconnaissance, cent cinquante bombardiers et quarante-trois avions de combat larguent les premières bombes, tandis que cinq sous-marins torpillent les bateaux. La surprise est totale. L'alerte est donnée, ceci n'est pas un exercice !

Un déluge de feu et d'explosions s'abat sur les navires américains. Après quelques minutes de répit, une seconde vague d'avions ennemis fond sur la base et ajoute au désastre. Au total, plus de quatre cents avions ont martelé la baie à coups de bombe. De nombreux navires sont touchés et plusieurs chavirent.

Une série de torpilles viennent percuter l'*USS Arizona* en son centre et sur les tourelles portant les numéros 1 et 4. Des voies d'eau déstabilisent le navire, jusqu'à ce que la chaufferie explose. Les marins doivent noyer au plus vite les soutes à munitions pour éviter une explosion qui serait fatale. Pourtant, la partie avant du destroyer finit par sauter, détruisant une large partie du navire et tuant d'un coup plus d'un millier d'hommes. Comme l'*Utah* et l'*Oklahoma*, l'*Arizona* se couche sur le flanc, coule de tout son poids à 12 h 07 et ne peut être sauvé. Seuls ses canons seront récupérés, ainsi que l'une de ses deux cloches, installée en 1946 dans la tour de l'horloge du Student Union Memorial Center de l'université d'Arizona.

Le président Franklin Roosevelt est prévenu de l'attaque, mais ne se rend pas sur place. La tâche qui est désormais la sienne est bien plus importante. Il reçoit les leaders démocrates et républicains, puis rédige le discours avec lequel il va demander aux membres du Congrès américain de voter la guerre contre le Japon. Le lundi 8 décembre, à 16 h 10, les États-Unis font officiellement leur entrée dans la Seconde Guerre mondiale. Kimmel et Short seront reconnus de manquements et d'erreurs de jugement et se verront rétrogradés.

À Pearl Harbor, après le déluge, reste la désolation d'un amas de ferraille. Et un bilan humain catastrophique : deux mille quatre cent trois morts et mille deux cent soixante-douze blessés. Avec ses mille cent soixante-dix-sept morts sur les mille sept cent trente et un membres d'équipage, l'*Arizona* essuie le plus lourd bilan et devient l'emblème de cette catastrophe. Si plusieurs navires sont restaurés ou tout simplement détruits, l'épave de l'*Arizona* se transforme en un mémorial en 1962, avant d'être inscrit au registre national des lieux historiques quatre ans plus tard. Une preuve, s'il en fallait une, de l'horreur que fut cette attaque. La carcasse du navire flotte sous quelques mètres d'eau claire dans la baie à son funeste emplacement, à l'exception d'une tourelle et de quelques éléments rouillés qui surnagent, le rendant visible aux yeux des visiteurs grâce à un mémorial.

Celui-ci prend la forme d'un tube blanc flottant, long de 56 mètres, chevauchant l'épave à la perpendiculaire. Il est composé de deux sommets aux extrémités et d'un affaissement en son milieu, symbolisant ainsi la fierté américaine avant la guerre, la dépression du pays durant l'attaque et enfin le retour à la puissance et à la victoire américaine.

Les larmes de certains visiteurs américains patriotiques et de Japonais respectueux s'ajoutent à celles du navire, qui continue de pleurer ses morts. « Les larmes de l'*USS Arizona* »... c'est ainsi que sont surnommées les nappes d'essence qui s'échappent toujours aujourd'hui du fond du navire toutes les vingt à trente secondes.

La capote de la Concorde

Place de la Concorde - Paris
1er décembre 1993

Comment un préservatif rose déroulé sur le monument le plus phallique de la capitale a amusé ou choqué les Français et fait avancer la lutte contre le sida ?

Le jour est encore bien timide et laisse entrapercevoir les rues détrempées. Il n'est pas 6 heures en ce 1er décembre 1993, journée mondiale de lutte contre le sida, mais une agitation naît déjà autour de l'obélisque de Louxor, sur la place de la Concorde. Une camionnette venue de la rue de Rivoli est munie d'une grue, sur laquelle repose une espèce d'énorme ballon rose. Elle se gare entre la fontaine des Fleuves et celle des Mers. Près de quarante membres de l'association Act Up sont réunis, têtes levées. Ils fixent la grue, qui se déploie en quelques minutes pour atteindre le pyramidion doré culminant à 33 mètres de hauteur.

Au même moment, Cleews Vellay, le président d'Act Up, s'entretient au téléphone avec le directeur de cabinet du ministre de la Santé : « On est en train d'encapoter l'obélisque [...] et on souhaite que la capote reste toute la journée. » Puis, l'énorme ballon rose se déroule en un immense préservatif sur l'obélisque, sous les objectifs des photographes, les yeux des automobilistes et l'air intrigué des premiers policiers arrivés sur place. Un mariage étonnant, mais finalement assez évident, entre cet objet devenu emblématique au XXe siècle et le monument le plus phallique de la capitale.

Les manifestants rebaptisent la Concorde en « place des morts du Sida », font sonner des cornes de brume, scandent « Act Up en colère, le sida, c'est la guerre ! » et apposent des pancartes sur la base en pierre sur lesquelles est écrit : « Que cesse cette hécatombe ! »

L'obélisque a donc disparu sous une immense toile rose oblongue dressée dans le ciel gris sombre. Une action éclair, un *zap* dans le jardon de l'association, d'une envergure inégalée qui a pour but d'alerter sur les ravages du sida et l'inefficacité des pouvoirs publics quant à la prévention et à la lutte contre la maladie. Elle fait suite à différentes actions chocs qui ont fait connaître Act Up à la classe politique et au grand public : accrochage en 1989 d'une banderole « Oui à la capote » entre les tours de Notre-Dame de Paris, puis manifestation durant la messe du 1er novembre 1991 dans la cathédrale ; réveil bruyant sous les fenêtres du nouveau Premier ministre, Édouard Balladur, un dimanche matin ; tentative de manifestation devant l'Élysée durant un Conseil des ministres ; jet de faux sang sur la statue de la Liberté sur la Seine ; menottage et jet de faux sang sur le docteur Bahman Habibi, directeur médical et scientifique du Centre national de la transfusion sanguine ; occupation du lycée Montaigne pour informer les lycéens des dangers du sida ; actions coup de poing dans des labos suspectés de réaliser illégalement des tests de dépistage en groupant le sérum sanguin de plusieurs personnes ; collage d'affiches pour protester contre la politique menée sur la toxicomanie…

La liste est longue et impressionnante. Mais cette fois-ci, le projet est d'une tout autre ampleur. Pour éviter toute fuite d'information qui pourrait venir contrecarrer le projet, le sujet n'est pas abordé lors des réunions hebdomadaires et les membres d'Act Up dans la confidence sont rares. Ils craignent d'être infiltrés par des mouchards prompts à informer le ministère de l'Intérieur des agissements de cette association si différente des autres.

Rapidité, efficacité, tout doit être parfaitement orchestré. Un tour de force technique préparé durant deux mois. La garde rapprochée du président, Cleews Vellay, a pour habitude de se réunir tous les mardis soir dans une pizzeria du quartier de la Bastille pour réfléchir aux prochaines actions. Cette fois, l'enjeu est tel que les réunions secrètes se font sur une péniche de la Seine. Et le partenaire et mécène est tout trouvé.

Le fabricant italien Benetton a choqué avec ses publicités montrant un torse et une paire de fesses marqués d'un tatouage HIV et s'est attiré les foudres des associations de lutte contre le sida. Au contraire, Cleews Vellay y voit lui un cousinage réussi des actions spectaculaires qui font la renommée d'Act Up. Durant plusieurs semaines, les quelques membres de l'association convainquent Benetton de financer la fabrication du faux préservatif de près de 30 mètres de longueur, la location du camion-grue et l'assurance que celui-ci paie l'éventuel procès que les Monuments nationaux pourraient leur intenter.

Tout est discuté dans les moindres détails : choix de la couleur et du tissu, léger et proche de celui utilisé pour les parachutes, place des logos de l'association et de l'entreprise italienne sur le préservatif… Le 30 novembre au soir, tout est fin prêt, la capote géante est enroulée, tenue par une dizaine d'œillets et une seule corde qu'il n'y aura plus qu'à tirer. La nuit est courte. L'excitation de réussir ce pari fou se mêle à une inquiétude de taille : ne surtout pas endommager, voire détruire, le monument le plus ancien de Paris par une manipulation hasardeuse de la grue.

Le lendemain, la couverture médiatique est un succès sans précédent. L'action, au bas mot, amuse, au mieux interpelle. Pourtant, la joie est de courte durée. La police retire l'objet deux heures à peine après son installation. Vellay est furieux et rappelle le directeur de cabinet de Philippe Douste-Blazy pour lui dire une nouvelle fois tout le mal qu'il pense « des conneries du ministère ».

Mais qu'importe. La lutte est aussi une affaire de symboles. Si le préservatif géant a été retiré et détruit au bout de deux heures de vie, il a suffisamment marqué la mémoire collective pour faire jeu égal avec les trente-cinq siècles de l'obélisque, toujours debout, qu'il suffit de regarder pour l'imaginer encapuchonné de rose. Et de se remémorer ce mort d'ordre : sortez couverts !

La pierre de Rosette

Rachid ou Rosette - Égypte - 19 juillet 1799

Comment la restauration d'un fort français au bord du Nil et la découverte d'un bloc de pierre ont rendu la parole à une écriture oubliée de tous, les hiéroglyphes ?

À 28 ans, Pierre-François-Xavier Bouchard vient de faire une découverte dont il ignore encore la portée. Affecté à la fortification du fort Jullien, dans la ville égyptienne de Rosette, le lieutenant de l'armée napoléonienne et officier du génie fixe le morceau de pierre mis au jour dans les fondations. Et tente de comprendre les annotations qui y sont gravées : trois textes rédigés en trois langues et écritures différentes.

Ce 19 juillet 1799, là, sur la rive gauche du Nil, il fait part de sa trouvaille à l'adjudant-général Jullien et la lourde pierre de 760 kilos est confiée aux experts de l'institut d'Égypte. Très vite, les autorités françaises comprennent l'importance de la découverte. Sur ce fragment d'une stèle en granodiorite, haut de 112 centimètres, large de 75 et épais de 28 centimètres, sont rassemblés du grec, du démotique* et, tout en haut, de

* L'écriture ordinaire du peuple égyptien.

curieux dessins. Un minéral devenu objet grâce à la main de l'homme.

L'intérêt grandit quand les experts comprennent que les deux derniers textes semblent vouloir dire la même chose. La pierre serait alors comme un dictionnaire grâce auquel on pourrait enfin déchiffrer les hiéroglyphes utilisés par les prêtes de l'Égypte antique. À la fois une clef pour résoudre une énigme et un trésor à lui tout seul.

Pour favoriser son étude et la compréhension des textes, la pierre est immédiatement reproduite grâce à deux techniques utilisant de l'encre et à un moulage réalisé et envoyé à Paris.

Mais la capitulation des troupes françaises face aux seize mille soldats anglais fraîchement débarqués va changer la donne. Les militaires et savants français qui comptent rapporter les antiquités découvertes sont contraints de négocier. Si plusieurs sarcophages, le poing gauche d'un colosse de Ramsès II et deux obélisques sont acquis, la pierre est l'objet de toutes les convoitises. Les Français menacent de jeter à la mer leurs richesses s'ils n'obtiennent pas gain de cause. Mais la pierre leur échappe et quitte son pays pour toujours, rejoindre la Société des antiquités de Londres, puis le British Museum dès la fin de l'année 1802 où elle est toujours exposée aujourd'hui. La traduction des hiéroglyphes peut commencer. L'égyptologue et médecin Thomas Young compare les écrits et comprend que l'un des dessins inscrits plusieurs fois est le phonème pour « Ptolémée ».

Le jeune pharaon fut couronné à sa majorité en 196 avant Jésus-Christ. Pour accéder au pouvoir, et donc au statut de divinité, Ptolémée et ses ministres ont dû faire quelques concessions aux puissants prêtres égyptiens, gages de stabilité du pays. Le décret de Memphis leur accorda des largesses fiscales et la possibilité pour eux de se réunir une fois l'an dans la ville de Memphis et de ne plus avoir à se déplacer à Alexandrie. Ptolémée assura, lui, son règne. L'accord dut être scellé dans le marbre, ou plutôt dans la pierre, et compris par tous. Dix-sept stèles ont ainsi été taillées avec les trois écritures et réparties dans les principaux temples du pays. Le texte de la pierre de Rosette se révèle donc symboliquement fort, mais aussi purement administratif et relativement aride dans sa rédaction.

Le travail à la fois volontaire et limité de Thomas Young et ses divers manquements et erreurs profitent à Jean-François Champollion. Le Français, maîtrisant de nombreuses langues anciennes et orientales, identifie le nom de Ramsès et comprend que ces caractères sont à la fois picturaux et phonétiques, des sons autant que des objets ou des actions. À ceux-là s'ajoute le champ lexical auquel ils appartiennent : « Une écriture tout à la fois figurative, symbolique et phonétique dans un même texte, une même phrase, je dirai jusque dans le même mot. » En 1822, le Français a décodé tous les hiéroglyphes à sa disposition. Il ouvre ainsi la voie à la traduction de milliers d'objets millénaires restés en Égypte ou emportés dans les musées d'Europe et passe, lui aussi, à la postérité. D'une pierre deux coups.

Le violon d'Ingres

Musée Ingres Bourdelle - Montauban - France
Juillet 1895

Comment l'expression est née de la passion du peintre Jean Auguste Dominique Ingres pour la musique et de sa maîtrise du violon ?

C'en est assez ! Delphine Ramel prend la plume pour faire part de son mécontentement quant à l'utilisation bien trop répétée d'une expression qui, si elle est née au cours d'un dîner mondain, a depuis colonisé les colonnes des journaux et s'en est trouvée dévoyée. Si le « violon d'Ingres » glorifiait au départ les aptitudes musicales de feu son époux, Jean Auguste Dominique Ingres, la tournure ne sert plus aujourd'hui qu'à moquer les prétentions d'un homme bien trop éloignées de ses réelles aptitudes.

Dans une lettre adressée au *Figaro*, publiée le 30 juillet 1895, elle rappelle que son célèbre peintre de mari n'a jamais eu « la prétention de se poser en virtuose [...] Cette rectification me paraît nécessaire pour ne laisser passer à la postérité un dit-on qui a tout l'air d'un ridicule. »

Après ses premiers coups de pinceau à l'Académie royale de Toulouse, Jean Auguste Dominique Ingres devient en 1796 l'élève du chef de file du néoclassique, Jacques-Louis David, avant de remporter cinq ans plus tard le prix de Rome. En s'éloignant des canons de son maître, en privilégiant l'individualité du modèle plutôt que des références en cours, quitte à déformer l'anatomie de ses sujets, Ingres se fait un nom. Et ses toiles, entre portraits et nus, comme *Napoléon Ier sur le trône impérial*, *La Baigneuse Valpinçon*, *La Grande Odalisque* et *Le Bain turc*, le rendent populaire. Manet, Degas, Gauguin, Picasso, Matisse diront tout le bien et l'influence qu'a eue le travail d'Ingres sur le leur.

Mais Ingres n'a pas qu'un seul talent. Si son père sculpteur l'a formé au dessin, il lui a également appris le goût de la musique et la pratique du violon. Le jeune homme hésite d'ailleurs, un temps, entre la peinture et la musique. Le voilà admis au Grand Théâtre de Toulouse comme violon, où il interprète régulièrement le concerto nº22 en *la* mineur de l'Italien Viotti. Et le peintre en joue dès qu'il le peut, avec une aisance qui impressionne son entourage, jusqu'à son ami Franz Liszt lui-même : « Quelle pureté dans le style, quelle vérité dans le sentiment ! » Plus qu'un passe-temps, une passion qu'il décrit comme un « art divin qui embaume ma vie ».

Ingres possède plusieurs violons au cours de sa vie et c'est l'un d'entre eux, peut-être celui qui a sa préférence, qu'il décide de léguer peu avant sa mort. Ce violon, dit « de dame » ou « 7/8e de violon », par sa petitesse, ne mesure que 59 centimètres sur moins de 20 centimètres de largeur et 10 centimètres d'épaisseur. Il est généralement destiné aux enfants et aux adolescents. Mais Ingres n'est pas bien grand avec son 1,53 mètre. L'instrument, fait d'érable et d'épicéa, est constitué d'éléments provenant de multiples autres violons italiens du XVIIIe siècle et possède une tête que l'on imagine française. Le manche a été remplacé au début du XIXe siècle et l'instrument restauré au siècle suivant.

Mort en 1867, Ingres ne connaîtra jamais l'expression lancée lors d'un dîner cinq ans plus tard par son ami l'écrivain Théophile Gautier. Une formule qui amuse beaucoup l'auteur et qu'il tire de son gendre journaliste, qui compare la passion d'Ingres pour le violon à celle de son beau-père pour la peinture, une seconde nature après l'écriture.

Entré dans le langage courant, « le violon d'Ingres » est également le titre d'une œuvre célèbre de Man Ray. Une photographie reprenant la pose de la toile *La Baigneuse Valpinçon*. La muse et modèle, Kiki de Montparnasse, dénudée, est assise de dos. Dos sur lequel l'artiste a dessiné, à la mine de plomb de Chine, les deux ouïes d'un violon.

Le véritable violon, lui, est exposé au musée Ingres Bourdelle de Montauban, la ville natale du maître. Il est accompagné de deux archets, dont l'un offre à la vue son nom gravé. Aujourd'hui, l'expression n'a plus la forme moqueuse qu'elle pouvait avoir et qui chagrinait tant la veuve du peintre. Et Ingres n'a plus rien de ridicule.

Le pont japonais de Monet

Giverny - Eure - France - 1894

Comment le pont le plus célèbre de la peinture n'a-t-il failli jamais voir le jour, puis a manqué de disparaître ?

Au printemps 1883, Claude Monet achète à Giverny une grande bâtisse de huit pièces principales à laquelle s'adjoignent plusieurs dépendances, dont une grange qui deviendra son atelier et un terrain d'un hectare clos par un long mur. Il y a certes de menus travaux à réaliser pour remettre le tout en état, mais rien de trop pénible. Le peintre y ajoute un potager, une basse-cour et des fleurs. Des fleurs… en voilà une idée bien saugrenue. Les habitants du village restent perplexes devant cette nouveauté, qu'ils jugent bien vaine, pour ne pas dire frivole.

C'est que le nouveau venu compte bien faire de son chez-lui un petit paradis propre à nourrir son imagination, ses toiles, et par là son foyer. Il lorgne un lopin de terre de 1 300 mètres carrés en contrebas de sa maison, décidé à en faire le sujet de ses prochaines œuvres. Collectionneur d'estampes japonaises, il y imagine un joli bassin garni de nénuphars, iris et nymphéas. Sa demande d'installer une prise d'eau sur la rivière Epte, une dérivation et des vannes se heurte à la crainte des villageois, inquiets que les plantes aquatiques ne viennent empoisonner le bétail, et surtout au refus du maire. Après une bataille arbitrée par le préfet de l'Eure, Monet obtient l'autorisation. Et bientôt, le peintre fait pousser un éden d'inspiration japonaise à la végétation multicolore, où les roseaux et les nymphéas content fleurette à la surface de l'eau, admirés par les saules pleureurs et les bambous. Après l'arrêt préfectoral du 24 juillet 1893 autorisant la construction de cinq petites passerelles, un pont japonais vient couronner l'étang.

Fabriqué par un artisan de Vernon, le pont courbé en bois de hêtre de 10 mètres de longueur et de 2 mètres de largeur enjambe l'étang avec grâce. Peint en vert comme pour mieux se fondre dans le paysage créé par l'artiste, il devient le sujet d'une quarantaine de tableaux mondialement célèbres. Du premier peint en 1895 au dernier terminé en 1924, le pont n'y est jamais tout à fait le même. Les angles, les couleurs, les reflets, la lumière et l'atmosphère varient. La définition et la représentation même de ce décor évoluent aussi au rythme de la dégradation de la vue de Monet, atteint de cataracte. Des arceaux de glycines sont venus compléter l'ouvrage dix ans après sa construction.

À la mort du maître de l'impressionnisme en 1924, et faute de testament, son fils Michel âgé de 48 ans et sans profession aucune hérite de tout. De la propriété et des deux mille toiles. Quelques années plus tard, à la faveur de son mariage, Michel quitte Giverny. Si la propriété ne souffre pas de la Seconde Guerre mondiale, elle n'échappera pas au délabrement progressif. À la mort soudaine de Michel en 1966, son testament fait du musée Marmottan le légataire universel. Les toiles sont choyées, mais les jardins se décomposent en une bouillie végétale péniblement entretenue par un seul homme quand, à son apogée, sept jardiniers les couvaient à longueur d'année. Le pont japonais, lui, a pourri et s'est en partie effondré. Aucune réparation ou conservation n'est alors possible.

Nommé conservateur de la Maison-Monet en 1977, celui qui a redonné son lustre au château de Versailles s'emploie à faire de même ici. Gérald van der Kemp mobilise des dons, pour partie venus des États-Unis, afin de remettre en état la propriété. Ce qu'il reste du pont japonais est détruit et l'on commande à une entreprise de Vernon une copie exacte, réalisée en bois de hêtre provenant des forêts de l'est de la région. Tout comme l'original. Pour conserver sa forme et assurer la sécurité de la structure, des restaurations d'entretien sont régulièrement effectuées. Si le pont japonais de la fin du XIXe siècle a disparu, les glycines qui le chevauchent sont, elles, les mêmes que celles peintes par Claude Monet.

Monde
Coupe
Football
Jules
Rimet

La Coupe du monde

Londres - Mai 1966

Comment une boîte à chaussures, une rançon, un chien et des copies ont autant bâti la légende du trophée que les footballeurs ?

C'est l'heure de la balade et Pickles est ravi. Le jour s'enfuit tranquillement ce dimanche soir sur Norwood, la banlieue sud de Londres. Le colley noir et blanc de quatre ans se défoule les pattes avec entrain quand il se met à tirer sur sa laisse à l'approche d'un buisson. Le chien a trouvé un petit trésor. Son maître, David Corbett, ramasse le paquet déniché, déchire le papier qui l'enveloppe et découvre la statue d'une « femme tenant un plat au-dessus de sa tête et des disques avec les mots "Allemagne", "Uruguay", "Brésil" ». Il comprend tout de suite l'importance de ce coup du sort : il tient entre les mains la coupe Jules Rimet. Constituée de 1 800 grammes d'or, haute d'un peu plus de 30 centimètres pour un peu plus de 4 kilogrammes, la statue réalisée par le Français Abel Lefleur représente la déesse grecque de la victoire, Niké, portant à bout de bras une vasque octogonale sur une tresse de lauriers. Le tout reposant sur un pied de marbre sombre.

Le trophée, qui récompense les champions du monde de football, et qui doit être remis par la reine Élisabeth II cet été aux futurs vainqueurs, a été dérobé le vendredi 20 mai 1966 alors qu'il était exposé au Westminster Center Hall, un temple protestant, durant l'office religieux. Depuis, une demande de rançon de 15 000 livres, un rendez-vous avec le malfaiteur dans une centrale électrique abandonnée, une course-poursuite et des policiers qui font chou blanc alimentent la une des journaux.

C'est d'ailleurs la seconde fois que la coupe Jules Rimet disparaît de la circulation. En 1944, pour éviter qu'elle ne tombe aux mains des officiers nazis chargés par Adolf Hitler de collecter cet artefact jugé précieux, le président de la fédération italienne la met à l'abri. Interrogé plusieurs fois, jusqu'à son propre domicile, Ottorino Barassi jure que, malgré la victoire de l'Italie lors du dernier tournoi en 1938, la coupe n'est plus en sa possession. Elle n'est évidemment pas au siège de la fédération ni même dans une banque, cibles trop faciles. Non, Barassi l'a simplement cachée dans une boîte à chaussures placée sous son lit. Malgré le risque, la disparition était, là, volontaire. Rien à voir avec ce vol sur les terres anglaises vingt ans plus tard.

Une honte nationale pour les Anglais, moqués par le patron de la fédération brésilienne, déjà deux fois victorieuse : « Un tel vol ne serait pas arrivé au Brésil. Même les voleurs brésiliens aiment le football et ne commettraient jamais un tel sacrilège. » Une infamie qu'il faut réparer au plus vite. Une réplique en bronze recouvert d'or est commandée en catastrophe à un joaillier de Londres par la fédération anglaise de football, malgré l'interdiction de la Fédération internationale de football association, la Fifa. Après avoir été suspectés, Corbett et son chien Pickles deviennent les héros du moment et se voient offrir 5 000 livres de récompense pour le premier et le droit d'assister à la réception officielle des joueurs pour le second.

Sauf que, désormais, deux coupes coexistent. L'originale remise par la reine le soir de la victoire à l'équipe anglaise et la copie, présentée à la foule au balcon de Buckingham. Deux socles aussi puisque celui d'origine a été remplacé par un plus grand après la Coupe du monde de 1954, avant d'être retrouvé soixante ans plus tard dans les archives de la Fifa et depuis exposé dans son musée.

Alors certains se demandent laquelle des deux arrive au Mexique en 1970 lors de la neuvième édition du championnat mondial. Une question qui trouvera sa réponse en 1983. La compétition est remportée par le Brésil, qui obtient sa troisième étoile et le droit, comme le prévoit le règlement, de conserver définitivement la coupe. Et qu'elle préserve comme un trésor national. Il ne faudrait pas qu'elle soit à nouveau volée.

C'est pourtant ce qui arrive en 1983 lorsqu'elle est une nouvelle fois exposée et subtilisée. Si quatre hommes sont accusés et jugés, nulle trace de la coupe. La légende veut qu'elle ait été fondue pour en faire des lingots, ce qui semble peu probable au vu de sa composition mêlée d'argent et d'or. Pour laver l'affront, la compagnie américaine Eastman Kodak, avec l'aide d'un bijoutier brésilien, réalise et offre une troisième réplique au Brésil. Et l'affaire est réglée.

Et quand Sotheby's met en vente la coupe de l'édition de 1966, une bataille s'engage entre la fédération brésilienne et la Fifa, toutes deux persuadées que la coupe remise au Mexique en 1970 était la copie et que celle-ci est bien l'originale. Si les enchères démarrent à 20 000 livres sterling, elles s'envolent frénétiquement et la Fifa l'emporte pour 254 000 livres. Une fortune. Après expertise, la coupe est faite d'or et… de bronze. Il s'agissait bien de la réplique, chèrement achetée. La Fifa décide de l'offrir au National football museum de Preston, en Angleterre, au sein duquel elle est toujours exposée.

Entre-temps, la Fifa est contrainte de réaliser une toute nouvelle Coupe du monde pour remplacer la Jules Rimet, désormais propriété du Brésil. Un concours est lancé, auquel participent cinquante-trois artistes. L'Italien Silvio Gazzaniga le remporte grâce à ses deux athlètes élancés levant les bras sur le globe terrestre et reposant sur un pied composé de deux bandes de malachite, de couleur verte, entre lesquelles est écrit en lettres d'or « FIFA WORLD CUP ». Composé d'or massif à 75 %, le trophée mesure 36,8 centimètres et pèse un peu plus de 6 kilogrammes. Les noms des vainqueurs viennent s'y ajouter tous les quatre ans sous sa base. Il est remis pour la première fois à l'Allemagne de l'Ouest à l'issue de la finale de la Coupe du monde de 1974.

Avec un principe cette fois, la coupe en or massif 18 carats n'est conservée que quinze minutes par l'équipe championne du monde, à qui l'on offre rapidement une copie plaquée or. Une nouvelle règle qu'Aimé Jacquet n'avait pas encore à suivre après la finale de 1998. Au petit matin du 13 juillet, quand il regagne enfin sa chambre numéro 15 à Clairefontaine, l'entraîneur victorieux pose le trophée tout juste remporté sur sa table de chevet, doudou d'une seule nuit qui ne dure que deux heures. Il la rend à la Fifa le lendemain à 15 heures. L'originale, seule et unique, est conservée au siège de la Fifa, à Zurich, en Suisse. Sous haute protection.

Rosebud

Citizen Kane - Orson Welles - RKO - 1941

Comment ce mot mystérieux prononcé au début de *Citizen Kane* va se révéler être un objet dévoilé à la toute fin du film et devenir une référence culte ?

Statues, tableaux, vases, amphores, guéridons, paravents, globes terrestres, malles, gramophones, chandeliers... Une collection de plusieurs centaines d'objets entassés au milieu de caisses en bois, parfois restées fermées. Voilà ce qu'il reste de la vie de Charles Foster Kane. Un amas d'artefacts de grande valeur matérielle et pécuniaire, mais tous dénués de valeur sentimentale. Sauf l'un d'entre eux.

Le héros du film d'Orson Welles, qu'il interprète, est un éditeur de presse immensément riche et démesurément seul qui laisse à sa mort un mystère que va s'acharner à résoudre un journaliste. Que signifie le dernier mot prononcé par Kane : « Rosebud » ? Un bouton de rose énigmatique qu'aucun personnage ne connaît ou ne comprend, sujet à fantasmes et interprétations. Le surnom d'une femme ? Quelque chose que Kane ne pouvait obtenir ? Ou qu'il a perdu ?

Son histoire commence par un événement douloureux durant son enfance dans le Colorado. Dans un paysage blanc immaculé, Charles joue dans la neige et glisse avec sa luge dans une insouciance et une liberté sur le point de s'achever. Depuis la fenêtre de sa maison en bois, sa mère l'observe avant de signer un contrat avec une grande banque. Elle y cède une mine d'or dont elle s'est retrouvée être la propriétaire. En contrepartie, elle obtient une belle rente et l'assurance que son fils sera élevé dans les meilleures écoles du pays, pour devenir l'un des hommes les plus riches du monde. Alors qu'il doit quitter sur le champ son foyer et un père violent pour connaître le vrai monde des grandes villes, Charles refuse, se débat, bouscule le banquier avec sa luge, mais n'échappe pas à sa destinée. Son sort est scellé. Il deviendra un homme riche de pouvoir et d'argent, mais vide de sens, jusqu'à sa mort.

Après avoir épuisé plusieurs pistes, le journaliste échoue dans son enquête. « Rosebud » restera un mystère. Seul le spectateur est finalement mis dans la confidence dans l'un des tout derniers plans du film, dépassant ainsi les personnages du récit qui n'en sauront jamais rien. Sous les ordres du majordome, un ouvrier jette au feu la luge de Kane sur laquelle est dessiné un bouton de rose et est écrit « Rosebud ». La clef du mystère et toute la complexité de Kane se résumaient en ce simple petit traîneau. Un objet traumatique, le seul auquel il tenait réellement, symbole de la fin des jours heureux de son enfance, utilisé comme bouclier contre le banquier, mais qui n'est pas parvenu à le protéger du monde des adultes.

À seulement 26 ans, Orson Welles s'affranchit des règles en vigueur et bouscule la grammaire cinématographique. Réalisé en 1941, le long-métrage rompt avec le récit linéaire en jouant avec les flash-back, et multiplie plongées et contre-plongées, les déplacements de caméra, etc. Un tour de force largement salué par la critique qui place pendant des décennies *Citizen Kane* en tête des meilleurs films au monde. Et donne au mot « Rosebud » et à cet accessoire de cinéma une postérité sans pareille.

Mais un homme fait tout pour que le film ne sorte pas, William Randolph Hearst. Et il y a deux raisons à cela. La première est évidente aux yeux de tous. Orson Welles s'est largement inspiré de la vie de Hearst pour concevoir son héros. Le film brosse le portrait d'un magnat de la presse, à la fois admiré et craint, possédant une immense demeure, souhaitant faire de sa maîtresse une star. Pour Kane de l'opéra, pour Hearst de cinéma, avec l'actrice Marion Davis. Le film marque tellement l'histoire du septième art et les esprits qu'il devient une référence culturelle et Kane une figure pour tout magnat à l'ego, à la fortune et au pouvoir démesurés. Ted Turner et Rupert Murdoch n'échapperont ainsi pas à la comparaison.

Hearst cherche même à détruire les copies du film. Pourquoi ? Car la seconde raison est toute personnelle et embarrasse le milliardaire. « Rosebud » est le surnom qu'il a donné au clitoris de sa maîtresse, Marion Davis. Un secret mal gardé et arrivé aux oreilles d'Orson Welles, qui s'en amuse. De quoi nourrir la légende et faire du long-métrage et de cette luge des objets culte.

En réalité, ce sont cinq luges qui ont été créées pour le tournage. Deux en bois dur avec des patins en métal forgés à la main, munies d'une corde pour les traîner et peintes à la main, destinées à la scène où le jeune Charles joue dans la neige.

Et trois autres répliques en balsa pour la célèbre scène qui voit la luge brûler dans les flammes et révéler au spectateur l'origine du mot mystérieux.

La première luge en bois dur a été offerte à la fin du tournage à Herman Mankiewicz, le coscénariste du film. Car c'est lui qui a inventé l'intrigue principale du film, autour de la luge, d'après un souvenir d'enfance : le vol de son vélo, trésor attendu depuis si longtemps, après un après-midi passé à la bibliothèque malgré l'interdiction maternelle. Ses parents ont refusé de lui en racheter un nouveau, le blâmant pour sa désobéissance. Un événement traumatique que la perte de ce vélo. Son « Rosebud » à lui. La luge a été vendue aux enchères en 1985 pour 149 000 dollars à un acheteur anonyme.

La seconde a été remportée par Arthur Bauer en 1942 lors d'un concours organisé par la RKO alors qu'il n'avait que douze ans. C'est lui-même qui la choisit dans la liste de cadeaux proposés par le studio. En décembre 1996, la luge est vendue chez Christie's par son fils, qui avait refusé que sa mère la repeigne et l'utilise comme étagère pour y placer ses plantes. Elle est acquise par un acheteur anonyme pour 233 500 dollars.

Des trois autres traîneaux en balsa fabriqués pour le tournage, il n'en reste plus qu'un. Orson Welles a tourné cette scène en deux plans distincts : le premier où l'on voit l'ouvrier jeter le traîneau dans la chaudière dans un travelling avant ; le second nous montre l'inscription en gros plan et la fonte du vernis qui le protégeait.

Welles étant satisfait des deux plans, la troisième et dernière luge, décorée de la rose et du mot, a donc été remisée dans les stocks de la RKO, le studio qui produisait le film. Jusqu'en 1982. Mise aux enchères par Sotheby's, elle est achetée pour 60 500 dollars par un acheteur bien connu du public, Steven Spielberg. Un rêve de gosse pour le cinéaste, qui l'expose d'abord chez lui avant de l'installer durant trois décennies dans ses bureaux, entre un E.T. et le fouet d'Indiana Jones.

Mais pour lui, comme pour le célèbre aventurier, la place de son artefact préféré est dans un musée. Visible par tous. Spielberg décide alors d'en faire don à l'Academy museum of motion pictures, qui ouvre ses portes en 2021, à Los Angeles. Là, entre les souliers rouges de Dorothy du *Magicien d'Oz* et le requin des *Dents de la mer*, trône sous verre le dernier exemplaire de la luge Rosebud. Sans aucun doute l'objet le plus mystérieux, le plus étudié et le plus admiré par les cinéphiles.

Conclusion

Le lit de Marcel Proust dans lequel longtemps il se couchait de bonne heure, les gants de boxe de Mohamed Ali qui ont mis plus d'un K.O., la Lincoln décapotable dans laquelle Kennedy a trouvé la mort, l'impérial manteau du sacre de Napoléon, les chaussures rouges de Dorothy dans *Le Magicien d'Oz*, la cuisinière à chaudière de 8 litres de Landru, le fauteuil de Molière dans lequel on a longtemps cru qu'il avait rendu son dernier souffle, le scooter des amours de François Hollande…

La liste des objets pourrait s'égrener sans fin. Et avec eux autant de récits mettant en scène leur aventure à travers le temps, de leur fait de gloire à leur destinée dans les vitrines d'un musée ou entre les mains des acheteurs plus ou moins anonymes qui, nous l'avons vu, sont nombreux à les acquérir pour leur plaisir personnel.

Il en est un parmi ceux-là, certes un peu oublié aujourd'hui, mais qui n'en est pour autant pas anonyme : Lucien Guitry. Immense comédien de théâtre, amis des plus grands artistes de son temps et père de Sacha, il s'est fait construire en 1909 un hôtel particulier au pied de la tour Eiffel. Au 18, avenue Élisée Reclus. Et a fait de son domicile un véritable musée où il accumulait, avec un délice et une admiration non feints, une incroyable collection de bibelots historiques.

À la liste impressionnante de sculptures de Rodin, de toiles de maître signées Monet, Delacroix, Seurat, Goya ou Bonnard, se disputaient des éditions originales des *Essais* de Montaigne et de l'œuvre de Molière, dont celle de *L'École des femmes* où la main du dramaturge a barré « amour » pour y écrire de sa plume le mot « esprit », des lettres d'amour de Musset à George Sand, le Jatte-téton, bol supposément moulé sur le sein de Marie-Antoinette, le jabot de Robespierre, l'écharpe de Camille Desmoulins, l'encrier et la bague de Flaubert, le manuscrit de *Poil de carotte*, des lettres d'Henri IV, l'ordre du jour de la bataille de la Marne, la main en plâtre de Victor Hugo dédicacée par l'auteur, le cachet du tsar Alexandre III… Une caverne d'Ali Baba longtemps protégée par Sacha Guitry, avant qu'elle ne soit dispersée après sa mort et la destruction de l'hôtel particulier.

Un livre d'histoire en trois dimensions dont j'ignorais encore l'existence en 2000, lorsque j'ai découvert le film *Wonder Boys*, de Curtis Hanson. Souvenir de jeunesse émerveillé devant une scène où le personnage interprété par Michael Douglas dévoile à celui de Tobey Maguire un artefact rangé dans un placard. Sur un simple cintre trône, comme un trésor, la veste de mariage de Marilyn Monroe avec Joe DiMaggio. Une pièce unique, mille fois photographiée et reproduite dans les journaux, les magazines et les livres, qui lui a permis d'entrer dans l'histoire. Certes, l'histoire people du cinéma, mais l'histoire quand même. Marilyn, un Graal, n'en déplaise à James Ellroy. Et de comprendre que l'on pouvait alors acquérir des trophées, posséder un petit bout d'histoire rien qu'à soi, preuve tangible qui nous reliait à un passé supposément glorieux.

Il faut avouer que lire ces biographies, ces archives et ces comptes-rendus de ventes aux enchères ont largement ravivé, le temps de l'écriture du moins, mon envie d'amasser à mon tour quelques objets devenus célèbres. La raison, et l'âge aidant, m'ont fait accepter deux choses. Qu'il me manque, et manquerait sûrement pour longtemps encore, quelques millions d'euros pour assouvir ce fantasme égocentrique. Et que Steven Spielberg a raison. Comme il l'a fait avec Rosebud, un objet d'histoire n'a qu'une seule place. Celle d'un musée, où il est mis en valeur, expliqué, contextualisé. Et généreusement offert à tous.

Remerciements

Merci à Samuel et Paul, Stéphanie, Romain, Faty et Ayden et à mes parents pour leur indéfectible soutien.

À Julio Arias pour ses illustrations réussies qui donnent vie à ce petit musée.

À Hélène Valmary, Olivier James, Manuel et Lisa Moragues pour leur concours.

Un grand merci pour leur aide bienvenue à :

Anaïs Eveno, chargée du musée de la préfecture de Police de Paris, adjointe au chef du département patrimonial.

Jean-Marie Avisard, chef jardinier de la Maison et jardins Claude Monet de Giverny.

Laurent Échaubard, administrateur et adjoint au directeur, et Sabrina Siarri, chargée de communication, de la Maison et jardins Claude Monet de Giverny.

Andréa Barbe-Hulmann, responsable du musée de l'Histoire de la médecine, ainsi qu'à Sonja Poncet.

Philippe Charlier, médecin légiste et archéo-anthropologue.

Didier Jayle, dermatologue, vénérologue, professeur titulaire de la Chaire d'addictologie au Cnam.

Christophe Martet, ancien président de l'association Act Up Paris.

Gabriel Poisson, chef du pôle des traités, département des publics, ministère de l'Europe et des Affaires étrangères.

Jean-Jacques Grézoux, président de l'association Mémoire des Salles-sur-Verdon.

Claude-Alain Künzi, conservateur des arts appliqués du Musée historique de Lausanne.

Charlene Bidula, communication manager du Andy Warhol Museum de Pittsburgh.

Soazig Santran, documentaliste du musée Ingres Bourdelle.

Bibliographie et webliographie sélectives

Le téléphone rouge d'Hitler

Hitler – Johann Chapoutot, Christian Ingrao – Éditions Puf – Décembre 2018

https://www.alexautographs.com/auction-lot/adolf-hitlers-personal-presentation-telephone-rec_36C42369C9/

https://www.bbc.com/news/world-europe-39105852

https://www.bbc.com/news/world-us-canada-39024237

https://edition.cnn.com/2017/02/20/europe/hitler-phone-sold/index.html

https://www.ouest-france.fr/leditiondusoir/2017-02-02/le-telephone-dadolf-hitler-mis-aux-encheres-b6a27662-ae0d-444a-a671-b29bab0c4098

https://www.lemonde.fr/histoire/article/2017/02/20/le-telephone-de-la-destruction-d-hitler-vendu-243-000-dollars_5082156_4655323.html

https://www.francetvinfo.fr/monde/le-telephone-d-adolf-hitler-aux-encheres_2064479.html

https://www.lefigaro.fr/culture/encheres/2017/02/20/03016-20170220ARTFIG00179-le-telephone-d-hitler-vendu-a-243000-dollars.php

https://www.life.com/history/after-the-fall-photos-of-hitlers-bunker-and-the-ruins-of-berlin/

La balle qui a failli tuer Jean-Paul II

Jean-Paul II – Bernard Lecomte – Biographies NRF – Éditions Gallimard – Octobre 2003

« La blessure cachée de Jean Paul II, lors de l'attentat de Fatima, en 1982, au Portugal » – Salvatore Aloise – Édition du 17 octobre 2008

Les Énigmes de l'histoire du monde – Sous la direction de Jean-Christian Petitfils – *Qui a voulu tuer Jean-Paul II ?* par Bernard Lecomte – Éditions Perrin – *Le Figaro Histoire* – Avril 2019

https://www.ina.fr/ina-eclaire-actu/video/dvc8108227601/attentat-pape

https://www.radiofrance.fr/franceinter/podcasts/rendez-vous-avec-x/13-mai-1981-l-attentat-contre-le-pape-jean-paul-ii-3731245

https://www.la-croix.com/Religion/Il-40-ans-Jean-Paul-II-rechappait-peu-attentat-2021-05-13-1201155504

https://www.parismatch.com/Culture/Art/Souverains-transports-Vatican-768332

https://www.lemonde.fr/europe/article/2008/10/17/la-blessure-cachee-de-jean-paul-ii-lors-de-l-attentat-de-fatima-en-1982-au-portugal_1108077_3214.html

https://fr.aleteia.org/2017/05/12/fatima-la-balle-de-9-mm-est-devenue-le-joyau-de-la-couronne-de-la-vierge/

Le tailleur de Jackie Kennedy

Jackie Kennedy, un destin américain – Hélène Harter – Éditions Calype – Collection Destins – 2022

« Fashion in the news » – Édition du mercredi 11 septembre 1940

« Jacqueline Kennedy's Smart Pink Suit, Preserved in Memory and Kept Out of View – Cathy Horn » – *The New York Times* – 14 novembre 2013

On a tiré sur le Président – Philippe Labro – Gallimard – Octobre 2013

https://www.vanityfair.fr/mode/story/les-secrets-du-tristement-celebre-tailleur-rose-de-jackie-kennedy/12506

https://www.huffingtonpost.fr/culture/article/jackie-l-autre-star-du-film-c-est-ce-mythique-tailleur-rose_125687.html

https://www.lofficiel.com/pop-culture/histoire-derriere-jackie-kennedy-costume-rose-chanel-jfk

https://jfk.artifacts.archives.gov/people/238/chez-ninon/objects

---

La Marseillaise

« La Marseillaise et Serge Gainsbourg à Versailles », article de F.G. paru dans *Le Monde* le 13 décembre 1982

La Marseillaise de Serge Gainsbourg, anatomie d'un scandale – Laurent Balandras – Éditions Textuel – Août 2015

Reportage de TF1 – 14 décembre 1981 https://www.youtube.com/watch?v=PCxBLfz_CxM

https://www.maisongainsbourg.fr

https://www.cheminsdememoire.gouv.fr/fr/revue/la-marseillaise-chant-de-guerre-chant-de-liberte#:~:text=Compos%C3%A9e%20en%20avril%201792%2C%20%C3%A0,la%20seule%20volont%C3%A9%20du%20roi.

https://autographe.com/autographes/enchere-record-pour-le-manuscrit-de-la-marseillaise/

https://www.instant-city.com/gainsbourg-et-rouget-de-lisle-aux-armes-etc/

https://parissecret.com/decouvrez-les-premieres-images-de-maison-gainsbourg-le-musee-gainsbourg-du-5-bis-rue-de-verneuil/

L'œilleton de Petiot

« Chez Petiot, 21, rue Le Sueur » – *Le Monde* – Édition du 23 mars 1946

« Petiot possédait un hôtel très particulier » – Henry Magnan – *Le Monde* – Édition du 25 mars 1946

« La cour d'Assises de Paris s'est rendue hier rue Le Sueur » – Feuille d'avis de Neuchâtel – Édition du samedi 23 mars 1946

L'Effrayant docteur Petiot – Claude Quétel – Éditions Perrin – 2014

Commissaire MASSU L'enquête Petiot, Librairie Arthème Fayard, Paris, 1959

« Cimetière parisien d'Ivry : 128 guillotinés y sont entrés "la tête entre les jambes" » – *Le Parisien* – Édition du 31 octobre 2017

https://atlantico.fr/article/decryptage/tueur-en-serie–le-proces-de-l-effrayant-docteur-petiot-claude-quetel

https://www.facebook.com/photo/?fbid=2460200554217457&set=a.1677623655808488&locale=hi_IN

https://criminocorpus.org/fr/bibliotheque/doc/338/

La perruque d'Andy Warhol

Andy Warhol Journal – Pat Hackett – Grasset – 1990

The Andy Warhol Museum, Pittsburgh

Hors-série *Beaux Arts Magazine* Andy Warhol, Centre Georges-Pompidou/Beaux Arts SA, Paris, 1999

https://www.theguardian.com/artanddesign/2020/mar/10/andy-warhol-wigs-go-on-display-in-uk-for-first-time

https://www.radiofrance.fr/franceculture/pierre-berge-a-propos-d-andy-warhol-il-y-a-un-cote-proustien-dans-andy-7877233

https://www.infringe.com/fright-wigs/

Le *Mayflower*

Le Mayflower, *l'odyssée des pères pèlerins et la naissance de l'Amérique* – Nathaniel Philbrick – Éditions JC Lattès – Janvier 2009

Histoire des États-Unis – Sous la direction de Bernard Vincent – Flammarion – Champs, Champs Histoire – 1997

History Magazine – Juillet 2022

https://themayflowersociety.org/

https://plimoth.org/plan-your-visit/explore-our-sites/mayflower-ii

https://voyagingthroughhistory.exeter.ac.uk/2019/06/28/the-mayflower-barn-mystery-and-history-in-buckinghamshire/

https://www.unityinchrist.com/history/print/saga11.htm

https://www.history.co.uk/article/The-Mayflower-And-the-birth-of-america

Le divan de Freud

Freud, une vie – Peter Gay – Éditions Hachette – Avril 1991

Comprendre Freud – Jacques Sédat – Éditions Armand Colin – Janvier 2009

Freud – Octave Mannoni – Collection Écrivains de toujours – Éditions Seuil – 1968

https://www.freud.org.uk/

https://www.bbc.co.uk/ahistoryoftheworld/objects/cC0TV0KISWGsw1N0fERYRg

https://www.cairn.info/freud-et-la-psychanalyse–9782361063542-page-73.htm

Le bistouri de Louis XIV

La Maladie du roi – Christian Carisey – Éditions du Cherche Midi

Musée de l'Histoire de la médecine

https://www.lepoint.fr/culture/video-les-incroyables-tresors-de-l-histoire-l-ecarteur-d-anus-et-le-bistouri-de-louis-xiv-02-10-2013-1738088_3.php

https://www.biusante.parisdescartes.fr/histoire/medica/resultats/index.php?do=page&cote=extbnfdechambrex088&p=687

https://artsandculture.google.com/story/pwXBUrLu24XTIg?hl=fr

https://fred37.over-blog.com/2021/01/louis-xiv-hygiene-mode-et-sante

Le pont de *Jeux interdits*

René Clément – Denitza Bantcheva – Éditions du Revif – 2008

Pop la plateforme ouverte du patrimoine, ministère de la Culture

Parc du Verdon

Mémoire vive – Bulletin de l'association Mémoires des Salles-sur-Verdon numéro 10 – Juin 2011

http://lssv.free.fr/LSpt_Aig_rech.html

Lessallessurverdon.com

Canyoning.gorgesduverdon.eu

https://www.tourisme-alpes-haute-provence.com/manifestations/70-ans-apres-jeux-interdits/

https://canal-d.tv/videos/jeux-interdits-au-verdon/

Les Tommy Guns d'Al Capone

Histoire de Chicago – Andrew Diamond et Pap Ndiaye – Éditions Fayard – Septembre 2013

https://abc7chicago.com/st-valentines-day-massacre-tommy-guns-al-capone-bugs-moran/12811345/

https://themobmuseum.org/artifacts/st-valentines-day-massacre-wall/

www.britannica.com%2Ftechnology%2FThompson-submachine-gun#federation=archive.wikiwix.com&tab=url

https://www.chicagohistory.org/collections/

https://medium.com/@andrew_ward/machine-gun-jack-mcgurn-b6f8852be8fb

https://fr.quora.com/Pourquoi-la-mitraillette-Thompson-%C3%A9tait-elle-si-populaire-aupr%C3%A8s-des-gangsters-%C3%A0-l%C3%A9poque-de-la-prohibition

Les Twin Towers

American Ground, déconstruire le World Trade Center – William Langewiesche – Éditions du sous-sol – Août 2011

Bienvenue au XXIe siècle – Michel Winock – Éditions Thierry Marchaisse – 2022

https://edition.cnn.com/interactive/2020/09/us/september-11-cancer-rates-fresh-kills/

https://www.letemps.ch/sciences/fresh-kills-un-parc-debris-11septembre

https://www.lexpress.fr/monde/fresh-kills-le-lieu-oublie-du-11-septembre-ou-l-on-a-trie-les-decombres_2157291.html

https://www.france24.com/en/live-news/20210826-the-new-york-landfill-site-home-to-9-11-debris-human-remains

https://www.nouvelobs.com/monde/le-11-septembre/20110901.OBS9601/fresh-kills-un-parc-sur-les-debris-du-11-septembre.html

La lime de Sissi

Le Roman de Sissi – Élisabeth Reynaud – Éditions du Rocher – Octobre 2010

Mémoires de l'assassin de Sissi – Luigi Lucheni – Éditions du Cherche Midi – Septembre 1998

« Relic of an 1898 crime goes home to Vienna » – *New York Times* – Édition du 31 août 1986

https://www.belgicapress.be/pageview.php ?adv=1&all_q=imp%C3%A9ratrice%20autriche&any_q=&exact_q=&none_q=&from_d=1898-09-10&to_d=1898-09-20&per_lang=&per=&sig=JB729&lang=FR&per_type=1

https://www.letempsarchives.ch/page/JDG_1898_09_14/3

https://www.beau-rivage.com/download/br_theinsider_issue1_fr.pdf

La prison de la Bastille

L'Histoire véritable de la Bastille – Claude Quétel – Éditions Larousse Bibliothèques historiques – Avril 2006

La Bastille dévoilée par ses archives – Présenté par Claude Quétel – Éditions Omnibus- Février 2013

Démolir la Bastille, édification d'un lieu de mémoire – Héloïse Bocher – Éditions Vendemiaire – 2012

« Le patriote Palloy et la démolition de la Bastille, un succès par les réseaux ? » – Héloïse Bocher – Revue *Hypothèses* – Université Paris 1 – Éditions de La Sorbonne – 2010

George Washington's Mount Vernon

Paris déplacé, du XVIIIe *siècle à nos jours* – Ruth Fiori – Éditions Parigramme – Mai 2011

https://clio-cr.clionautes.org/demolir-la-bastille-ledification-dun-lieu-de-memoire.html

www.histoire-en-questions.fr/revolution-1789/1789-prise-bastille-demolition.htm

https://www.carnavalet.paris.fr/collections/la-bastille-oeuvre-executee-dans-un-bloc-de-pierre-provenant-de-la-bastille

https://musees.isere.fr/musee/domaine-de-vizille-musee-de-la-revolution-francaise

https://www.slate.fr/story/230789/comment-cle-bastille-etats-unis-revolution-francaise-lafayette-14-juillet-1789

L'échelle inamovible

Jérusalem, 36 promenades à travers l'Histoire – Les guides du voyageur – Éditions Marcus – Mai 2011

https://custodia.org/en/sanctuaries/basilica-holy-sepulchre

https://en.jerusalem-patriarchate.info/the-holy-sepulcher-and-the-all-holy-church-of-the-resurrection/

https://fr.aleteia.org/2016/04/14/lechelle-inamovible-du-saint-sepulcre/

https://www.jstor.org/stable/3879622

https://www.churchpop.com/reason-ladder-church-holy-sepulchre/

La Mercedes de Lady Di

Qui a tué Lady Di ? – Jean-Michel Caradec'h – Éditions Grasset et Fasquelle – Mai 2017

Les Énigmes de l'histoire du monde – Sous la direction de Jean-Christian PetitFils – *Lady Di victime des médias ?* par Jean des Cars – Éditions Perrin – *Le Figaro Histoire* – Avril 2019

Documentaire *Mort de Diana, l'incroyable révélation* – Réalisé par Manuel Laigre – Production Tony Comiti – M6

« Enquête: Les dernières heures de Diana » – *L'Express* – Article du 11 septembre 1997

https://www.thesun.co.uk/news/4336506/diana-car-rotting-in-paris/

https://www.liberation.fr/societe/1999/01/28/une-histoire-lady-di-apres-la-fiat-la-limousine_262321/

https://www.leparisien.fr/faits-divers/les-freins-de-la-mercedes-etaient-defectueux-29-08-1998-2000220704.php

https://www.dailystar.co.uk/news/latest-news/princess-diana-crash-driver-claims-20139857

https://lesvoitures.fr/accident-de-lady-di-accident-lady-di-mercedes-lady-di-diane-spencer/

La lettre de Jack l'Éventreur

Jack L'Éventreur – Robert Desnos – Éditions Allia – 1997

Jack l'Éventreur démasqué – Sophie Herfort – Éditions Tallandier – Juin 2007

Jack l'Éventreur – Affaire classée, portrait d'un tueur – Patricia Cornwell – Éditions des Deux Terres – Mars 2003

Les Énigmes de l'histoire du monde – Sous la direction de Jean-Christian PetitFils – *Les Multiples Fantômes de Jack L'Éventreur* par Bernard Oudin – Éditions Perrin – *Le Figaro Histoire* – Avril 2019

https://www.nationalarchives.gov.uk/

http://thestarfictionindex.atwebpages.com/the.htm

https://whitechapeljack.com/the-ripper-letters/

https://www.dailymail.co.uk/news/article-1176040/Jack-Ripper-invented-win-tabloid-newspaper-war.html

https://www.jack-the-ripper-tour.com/

Le rouet de Gandhi

Autobiographie ou mes expériences de vérité – Gandhi – Collection Quadrige grands textes – Éditions Puf – Janvier 2010

Gandhi – Christine Jordis – Collection Biographies – Folio – Avril 2006

https://www.gandhi-manibhavan.org/

https://collections-musees.cholet.fr/fr/notice/m-99-0023-1-coffret-rouet-gandhi-musee-du-textile-e5bf9114-0801-451b-9546-7d3c4600420e

La main de Pangboche

« Texan will lead Snowman Hunt: Will Investigate Tales That Strange Creature Roams Himalayas in Nepal » – *New York Times* – Édition du 5 février 1957, Page 21

« Quand les États-Unis interdisaient la chasse au Yéti » par David Ramasseul – *Paris Match*

https://www.bbc.co.uk/news/world-south-asia-13228780

https://www.rcseng.ac.uk/library-and-publications/library/blog/intriguing-apes-and-curious-cockatoos/

https://www.atlasobscura.com/articles/saga-of-the-yeti-hand

https://trivia.serendip.in/trivia/james-stewart-and-finger-yeti

https://www.wetanz.com/us/

La porte pig de Sharon Tate

James Dean died here – The Locations of America's pop culture Landmarks – Chris Epting – Santa Monica Press – 2004

Los Angeles Magazine – « Special real estate issue » – Dial M for Murder – Janvier 1998 – Page 22

« A vintage look at an historic house » – 10050 Cielo Drive – George E. Smith

https://www.youtube.com/watch?v=x_5OXTiYlYk

https://www.julienslive.com/lot-details/index/catalog/468/lot/211386/SHARON-TATE-10050-CIELO-DRIVE-RESIDENCE-FRONT-DOOR?url=%2Fauctions%2Fcatalog%2Fid%2F468%3Fpage%3D1%26view%3Dlist%26catm%3D2%26order%3Dorder_num%26xclosed%3D0%26featured%3D0%26key%3Dsharon%2Btate

https://www.youtube.com/watch?v=kwTuVDS6vkw

https://www.google.com/search?sca_esv=bc4b5e46aeab13ae&rlz=1C5CHFA_enFR993FR994&q=cielo+Drive+10050+michele+morgan+house&tbm=vid&source=lnms&sa=X&ved=2ahUKEwjkmteIsMyEAxUcUKQEHeweCR8Q0pQJegQIChAB&cshid=1709066302688074&biw=1364&bih=715&dpr=2#fpstate=ive&vld=cid:2e131dad,vid:gwLzLMXBqYg,st:0

https://www.latimes.com/business/real-estate/story/2022-01-21/full-house-creator-jeff-franklin-wants-85-million-for-mansion-on-manson-murder-land

---

Le tableau des Beatles

The Beatles Anthology – Les Beatles – Éditions du Seuil – Octobre 200

https://features.japantimes.co.jp/beatles-in-budokan/

https://www.tokyoweekender.com/entertainment/music/the-fab-four-50-years-back-looking-back-on-the-beatles-historic-show-at-the-budokan/

https://www.christies.com/en/lot/lot-6467442

http://news.bbc.co.uk/2/hi/entertainment/7770865.stm

https://www.vintag.es/2019/12/the-beatles-images-of-a-woman.html

http://www.beatlesinterviews.org/db1966.0630.beatles.html

La Porsche de James Dean

James Dean died here – Chris Epting – Santa Monica Press – Août 2004

James Dean ou le mal de vivre – Yves Salgues – Jeunesse Pocket – Novembre 1963

Jimmy the kid, James Dean secret – Jean-Noël Coghe – Éditions Hugo Doc – Septembre 2007

James Dean – Jean-Philippe Guerand – Folio Biographies – Octobre 2015

James Dean, le Boulevard des rêves brisés – Paul Alexander – Éditions Grasset – Août 1995

James Dean – George Perry – Éditions Michel Lafon – 2005

James Dean – David Dalton et Ron Cayen – Éditions Ramsay Poche Cinema – Septembre 1988

James Dean, la voiture maudite – Antoine Charpagne – Éditions Samsa – Janvier 2024

« Qui a tué James Dean ? » – Michel Braudeau – *Le Monde* – 1er octobre 1995

« Les derniers jours de James Dean » – Jean-Jacques Larrochelle – *Le Monde* – 7 mars 2008

Les Stars – Edgard Morin – Éditions du Seuil – Collection Points – Mai 1972

https://www.hagerty.co.uk/articles/the-curse-of-james-deans-little-bastard-porsche-550-spyder/

Le traité de Versailles

Guerres mondiales et conflits contemporains Faire la paix, diversifier la guerre numéro 229 – Sous la direction de Vincent Laniol – Éditions Puf – Janvier-Mars 2008

« L'article 231 du traité de Versailles, les faits et les représentations. Retour sur un mythe » dans la revue *Nouvelles recherches* – Vincent Laniol – Éditions Puf – 2014

La France, dépositaire des traités de paix de la Première Guerre mondiale (Versailles, 1919-Lausanne, 1923)

L'histoire par les sources – Anne Liskenne – Éditions Direction des Archives, Éditions du Comité des travaux historiques et scientifiques de Paris – 2023

https://www.lanouvellerepublique.fr/indre-et-loire/commune/coteaux-sur-loire/en-touraine-un-chateau-a-abrite-le-traite-de-versailles

https://www.chateauversailles.fr/actualites/expositions/traite-versailles#une-reception-diplomatique

Le hangar des usines Lumière

Auguste et Louis Lumière – Michel Faucheux – Folio Biographies – Éditions Folio – Septembre 2011

https://www.linflux.com/lyon-et-region/de-la-villa-lumiere-a-linstitut/

https://www.institut-lumiere.org

https://france3-regions.francetvinfo.fr/auvergne-rhone-alpes/rhone/lyon/hommage-le-cinema-et-lyon-double-passion-du-realisateur-bertrand-tavernier-2286715.html

https://www.ina.fr/ina-eclaire-actu/video/cac99006613/souvenir-le-hangar-de-l-institut-lumiere

Le trésor du *San José*

Histoire de l'Espagne – Joseph Pérez – Éditions Fayard – Juillet 2002

« Les tonnes d'or convoitées de l'épave du *San José*, galion espagnol coulé au large de la Colombie en 1708 » – Marie Delcas – *Le Monde* – 1er avril 2024

« La Colombie dit avoir retrouvé l'épave d'un légendaire galion, 307 ans après son naufrage »

« À qui appartient le *San José* ? » – *Le Monde Histoire et civilisations* – Numéro 106 – Juin 2024

« Qui mettra la main sur la précieuse cargaison du *San José* ? » – Tom Metcalfe – National Geographic – 24 novembre 2023

L'Amour au temps du choléra – Gabriel Garcia Marquez – Traduction Annie Morvan – Éditions Le Livre de Poche – Juillet 2023

https://www.sciencesetavenir.fr/archeo-paleo/archeologie/colombie-le-tresor-du-legendaire-galion-espagnol-san-jose-bientot-remonte-a-la-surface_176952 https://www.rtbf.be/article/la-colombie-s-apprete-a-repecher-le-tresor-du-san-jose-l-epave-la-plus-chere-au-monde-11337088

https://unesdoc.unesco.org/ark:/48223/pf0000143085_fre

Le Hollywood sign

Hollywood, la Mecque du cinéma – Blaise Cendrars – Ramsay Poche cinéma – Septembre 1987

Le Roman de Hollywood – Jacqueline Monsigny et Edward Meeks – Éditions du Rocher – Avril 2006

« Les lettres géantes d'Hollywood sauvées des promoteurs immobiliers » – *Le Monde* – 26 avril 2010

« Comment le panneau Hollywood est devenu le symbole mondial du cinéma » – Jacky Goldberg – *Les Échos* – 12 décembre 2023

Il était une fois Hollywood – Juliette Michaud – Éditions Flammarion – Septembre 2013

Portrait de ville Los Angeles – Gwenaël Querrien – Supplément à Archiscopie n°45 – Cité de l'architecture et du patrimoine IFA – 2005

https://undertheholly woodsign.wordpress.com/tag/mack-sennett/

https://frenchdistrict.com/californie-sud/articles/histoire-lettres-panneau-hollywood-griffin-park-los-angeles/

https://www.youtube.com/watch?v=ZX0G7Zo-nZg

https://www.youtube.com/watch?v=3l9G8 hX9xHM

https://www.youtube.com/watch?v=aah25Va6XJQ

Le paratonnerre de Benjamin Franklin

Benjamin Franklin – Ronald W. Clark – Éditions Fayard – Mars 1986

The First American: The Life and Times of Benjamin Franklin – Henry W. Brands – Éditions Anchor – 2002

https://fi.edu/en/science-and-education/collection/benjamin-franklin/lightning-rod

https://pabook.libraries.psu.edu/literary-cultural-heritage-map-pa/feature-articles/lightning-rod-not-so-shocking-invention

https://www.pphmuseum.org/blogging-through-the-museum/2017/9/27/franklin-lightning-rod

Le London Bridge

London Bridge in America, The Tall Story of a Transatlantic Crossing – Travis Elborough – Éditions Random House – Février 2013

Lake Havasu City – Frederic B. Wildfang – Éditions Arcadia Publishing – 2005

Great American bridges and dams – A National Trust Guide – Donald C. Jackson – Éditions John Wiley & Sons – Janvier 1988

https://www.arizonahighways.com/classroom/arizonas-london-bridge

https://www.history.com/news/how-london-bridge-ended-up-in-arizona

https://www.watfordobserver.co.uk/news/169982.how-london-bridge-was-sold-to-the-states/

La pierre de la honte

Saint Antoine de Padoue – Valentin Strappazzon – Éditions Artège – Collection Petite vie de – Septembre 2020

https://padovamusei.it/it/sedi-monumentali/palazzo-ragione/il-palazzo-ragione

https://www.padovanet.it/informazione/palazzo-della-ragione

https://www.padovaurbspicta.org/home-page-2/paduas-fourteenth-century-fresco-cycles-in-unesco-world-heritage-list/palazzo-della-ragione-eng/

https://www.messagerdesaintantoine.com/content/la-justice

La capote de la Concorde

Agir pour ne pas mourir ! – Act up, les homosexuels et le sida – Christophe Broqua – Éditions Sciences Po Les Presses – Janvier 2006

« Le jour où l'obélisque de la Concorde fut recouvert d'un préservatif géant » par Emmanuelle Cosse – 17 juillet 2008

Act Up, une histoire – Didier Lestrade – Éditions La Découverte Poche – Octobre 2022

« Act Up, la fureur de vivre » – Vanessa Schneider – *Le Monde* – 11 août 2017

21 h Médias : *Sida, 40 ans de symboles* - Documentaire Bangumi – Novembre 2023

https://www.actupparis.org/lassociation/historique/

https://www.lemonde.fr/m-actu/article/2017/08/11/act-up-la-fureur-de-vivre_5171205_4497186.html

https://www.ina.fr/ina-eclaire-actu/video/pac02035225/sida-zap-act-up-a-la-concorde

---

Le haut-de-forme de Lincoln

Lincoln, l'homme qui sauva les États-Unis – Bernard Vincent – Éditions Archi Poche – Mars 2015

Abraham Lincoln – Liliane Kerjan – Éditions Folio – Mai 2016

https://www.whitehousehistory.org/photos/president-lincolns-top-hat

https://fords.org/

https://www.si.edu/object/abraham-lincolns-top-hat%3Anmah_1199660

https://www.theatlantic.com/ideas/archive/2019/05/lincolns-lid/588904/

https://eu.providencejournal.com/story/lifestyle/travel/2015/03/22/lincoln-assassination-artifacts-bear-silent/34944450007/

La porte du Bataclan

Banksy, le Bataclan et la jeune fille triste – Documentaire écrit par Edoardo Anselmi et Claudio Centoni, en collaboration avec Jessy Picard – Arte – 2023

Bataclan Mémoires – Photographies, récits, tatouages – Olivier Roller – La Manufacture de livres – 2022

« Le Banksy peint sur la porte du Bataclan échappe à la Ville de Paris » – Thomas Bécard – *Télérama* – 28 mars 2024

https://www.connaissancedesarts.com/arts-expositions/street-art/porte-du-bataclan-par-banksy-la-ville-de-paris-veut-sauvegarder-loeuvre-11173374/

https://www.francetvinfo.fr/culture/arts-expos/banksy/oeuvre-de-banksy-volee-au-bataclan-huit-hommes-juges-a-paris_5183782.html

https://www.hollywoodreporter.it/film/documentari/in-un-film-lincredibile-storia-della-porta-maledetta-del-bataclan-trafugata-a-parigi-e-ritrovata-in-abruzzo/62321/

https://www-artribune-com.translate.goog/arti-visive/street-urban-art/2020/06/ritrovata-in-abruzzo-la-porta-del-bataclan-dipinta-da-banksy-e-rubata-nel-2019/?_x_tr_sl=it&_x_tr_tl=fr&_x_tr_hl=fr&_x_tr_pto=sc

La baignoire de Marat

Marat – « L'Ami du peuple » – Serge Bianchi – Éditions Belin – Mai 2017

Ces objets qui racontent Paris – Catherine Guigon – Éditions Parigramme – Avril 2014

Autopsie des cœurs célèbres – Philippe Charlier et David Alliot – Éditions Tallandier – Avril 2023

« Conférence Trésors de Richelieu : Le sang de Marat » – 17 décembre 2019

http://parissecretetinsolite.unblog.fr/2010/01/06/la-baignoire-de-marat-un-vieux-souvenir/

https://actu.fr/ile-de-france/paris_75056/assassinat-de-marat-a-paris-ou-se-trouve-la-baignoire-ou-est-mort-le-revolutionnaire_59843064.html

https://www.stylesdebain.fr/quand-une-baignoire-entre-dans-lhistoire-le-dernier-bain-de-marat/

https://www.ville-taverny.fr/la-baignoire-de-marat

https://www.youtube.com/watch?v=8YJWbvea6ag

L'*USS Arizona*

Pearl Harbor: 7 décembre 1941 – Hélène Harter – Collection L'histoire en batailles – Éditions Tallandier – Paris – Septembre 2011

Franklin D. Roosevelt – André Kaspi – Éditions Fayard – 1988

De Pearl Harbor à Kennedy – (1941-1960) – Robert Lacour-Gayet – Éditions Fayard – Avril 1979

https://www.nps.gov/perl/uss-arizona-memorial-programs.htm

https://www.pearlharborhistoricsites.org/plan/uss-arizona-memorial

https://www.lepoint.fr/monde/l-epave-de-l-arizona-pleure-toujours-70-ans-apres-pearl-harbor-07-12-2011-1404737_24.php

https://mondesasiatiques.wordpress.com/2017/12/07/des-larmes-de-larizona-aux-combats-des-independances-pearl-harbour-un-tournant-dans-lhistoire-de-lasie/

La liste de Schindler

La Route vers la liberté – Mietek Pemper – Éditions L'Archipel – Avril 2009

https://www.ebay.com/itm/Original-Schindler-s-List-from-Family-of-Itzhak-Stern-Dated-April-18-1945-/190871530669?hm=uk%601d72f+ifgv5svctk&hc=1

https://nypost.com/2013/07/19/schindlers-list-will-be-publicly-auctioned-one-of-only-four-existing-copies-in-the-world/

https://actualitte.com/article/55097/presse/flop-complet-pour-la-liste-de-schindler-aux-encheres-sur-ebay

www.telegraph.co.uk/news/obituaries/8578020/Mietek-Pemper.html

https://collections.yadvashem.org/en/search-results/schindler%20list?page=1&f_subjects_search_en=Schindler%27s%20List#relevant

https://www.theguardian.com/books/2017/mar/09/real-schindlers-list-expected-to-make-2m-at-auction

---

La pierre de Rosette

La pierre de Rosette – Robert Solé et Dominique Valbelle – Éditions du Seuil – Mai 1999

L'Égypte au temps de l'expédition de Bonaparte 1798-1801 – Patrice Bret – Éditions Hachette Littérature – Février 1998

Histoire de l'Afrique du Nord – Des origines à nos jours – Bernard Lugan – Éditons du Rocher – Juin 2016

https://francearchives.gouv.fr/fr/pages_histoire/39973

https://essentiels.bnf.fr/fr/article/c2b8437c-4dbb-4446-9e35-143137c85d61-pierre-rosette-cle-pour-dechiffrer-hieroglyphes

https://www.nationalgeographic.fr/histoire/comment-champollion-a-t-il-decode-la-pierre-de-rosette

---

Le violon d'Ingres

Musée Ingres Bourdelle de Montauban

Ingres – Regards croisés – Jean-Pierre Cuzin et Dimitri Salmon – Réunion des musées nationaux – Janvier 2006

Dictionnaire de la peinture – Michel Laclotte, Jean-Pierre Cuzin et Arnauld Pierre – Paris – Larousse - 2003

https://musees-occitanie.fr/oeuvre/le-violon-dingres/

https://www.radiofrance.fr/franceculture/que-savez-vous-vraiment-du-violon-d-ingres-3780324

https://www.beauxarts.com/grand-format/jean-auguste-dominique-ingres-en-2-minutes/

https://www.medecine-des-arts.com/fr/article/le-violon-d-ingres.php

https://www.ouest-france.fr/leditiondusoir/2022-03-09/l-histoire-meconnue-de-la-celebre-photo-de-man-ray-le-violon-d-ingres-9c131fd7-d36b-48fa-b5fa-3a58d8d44b3d

https://edition.cnn.com/style/article/man-ray-most-expensive-photograph-auction-record

---

Le pont japonais de Monet

Claude Monet – Michel de Decker – Éditions Pygmalion – Juin 2009

La fondation Claude Monet

https://fondation-monet.com/

Givernews.com

The Wildenstein Plattner Institute

Le site internet Giverny autrefois

https://www.monetpaintings.org/

La Coupe du monde

Le journal de Jules Rimet, le récit rare du fondateur de la Coupe du monde de football – Renauld Leblond, avec la participation d'Yves Rimet – Éditions First – Mai 2014

La Coupe du monde de football – L'Œuvre de Jules Rimet – Jean-Yves Guillain – Éditions Amphora – Janvier 1998

Ma vie pour une étoile – Aimé Jacquet – Éditions Robert Laffont Plon – Juin 1999

« Solid gold mystery awaits the final whistle » – Simon Super – *Financial Times* – 14 avril 2006

« World Cup suffers at hands of the winners » – Malcolm Moore – *The Telegraph* – 14 juillet 2006

https://www.francetvinfo.fr/sports/foot/coupe-du-monde/la-fabuleuse-histoire-du-trophee-de-la-coupe-du-monde-qui-a-echappe-aux-nazis-mais-pas-aux-voleurs_644303.html

https://www.theguardian.com/football/2006/apr/23/newsstory.sport1

https://www.channel4.com/news/world-cup-england-1966-pickles-the-dog-archive-itn

---

Rosebud

Orson Welles – Anca Visdei – Éditions de Fallois Paris – Juin 2015

En tête à tête avec Orson – Conversations entre Orson Welles et Henry Jaglom – Éditions Robert Laffont – Avril 2015

https://www.christies.com/en/lot/lot-1111427

https://www.youtube.com/watch?v=SMv1iTHUTtc

https://www.collectiana.org/film-collectionnisme-citizen-kane-orson-welles.html

https://movies.fandom.com/wiki/Citizen_Kane

https://www.bonhams.com/auction/22486/lot/306/screenwriter-herman-mankiewiczs-rosebud-sled-gifted-to-him-at-the-conclusion-of-principal-photography-for-citizen-kane/

Imprimé en France par CPI Firmin-Didot
en janvier 2025
N° d'impression : 182706
ISBN : 978-2-487-17844-1
Dépôt légal : janvier 2025